거장들의 시크릿 10

반기문

The Secret of Maestros

반기문

끈기와 성실함으로
세계를 품어라

글 김경란 | 그림 김명희

프롤로그

끈기와 성실함으로 세계를 품어라
반기문

대부분 사람들은 어릴 때 꿈을 가져요. 그리고 그 사람들 중 일부는 자기 꿈을 이루기 위해 노력하며, 마침내 그 꿈을 이루어 내는 데에서 보람을 느끼지요. 그러나 또 다른 사람들은 자기가 가졌던 꿈을 금세 잊어버리고 현실이 이끄는 대로 끌려 다니며 살기도 해요. 여러분은 어떤 모습으로 살아가고 싶은가요?

반기문은 자기 꿈을 이루기 위해 노력했고, 기어이 그 꿈을 이루어 낸 사람이에요. 반기문은 부잣집 아들도 아니었으며, 대단한 학식이 있는 부모님에게 교육받지도 않았어요. 아니, 오히려 반기문은 보통 사람들보다 더욱 어렵고 힘든 삶을 살았어요. 게다가 반기문이 태어나 자라던 그 당시 우리나라는 6·25 전쟁이 끝난 직후라, 지금 여러분이 상상할 수도 없을 만큼 모든 것이 열악하고 어려운 때였어요.

그런 환경 속에서 반기문이 세계 대통령이라고 불리는 유엔 사무총장이 되기까지는 끝없는 자기와 싸움, 그리고 언제 어디서든 자기 본모습을 잃지

　않고 겸손한 마음으로 인내하고, 어떤 일을 맡든 그 일을 할 수 있도록 미리 준비하는 성실함이 있었기 때문이에요.
　요즘 어린이들을 보면 어렵고 힘든 일에 부딪혔을 때 주저하거나 쉽게 포기하는 것 같아요. 그렇지만 미리 준비되어 있다면, 그 어렵고 힘든 일을 끝까지 해내겠다는 마음만 있다면, 이 세상에 해내지 못할 일이란 없어요. 그렇게 힘든 일들을 어떻게 할 수 있느냐고요? 그건 이제부터 반기문 유엔 사무총장님이 가르쳐 줄 거예요.

차례

Ban Ki-Mun

1 돼지 치는 소년 • 8
   시크릿 포인트 : 스스로 책임감을 가져라 • 24

2 외교관이 꿈인 아이 • 26
   시크릿 포인트 : 주위에서 벌어지는 일들에 관심을 가져라 • 40

3 영어 교재를 만들다 • 42
   시크릿 포인트 : 자기 자신과 싸움에서 이겨라 • 56

4 케네디 대통령을 만나다 • 58
   시크릿 포인트 : 좋은 기회를 얻으려면 미리 준비하라 • 78

5 노신영 총영사와 만남 • 80
   시크릿 포인트 : 정신적 스승인 멘토를 찾아라 • 96

6 국가를 위해 일하는 사람 • 98
  시크릿 포인트 : 원칙을 지키는 것을 중요하게 여겨라 • 116

7 외교통상부 차관에서 물러나다 • 118
  시크릿 포인트 : 긍정적인 사고를 이끌어 내라 • 132

8 걸어다니는 외교 사전 • 134
  시크릿 포인트 : 인정받는 사람이 되기 위해 노력하라 • 152

9 세계 대통령, 유엔 사무총장이 되다 • 154
  시크릿 포인트 : 희망을 품고 최선을 다하라 • 168

10 케네디 상원 의원이 보낸 선물 • 170
  시크릿 포인트 : 어떤 일을 하든지 끝맺음을 잘하라 • 182

1 돼지 치는 소년

반기문은 돼지들에게 먹일 음식 찌꺼기를 구하기 위해 집집마다 다녀야 했다. 그렇지만 반기문은 한 번도 불평하지 않았다. 오히려 언제나 일찍 일어나 음식 찌꺼기를 얻어다가 동생들 돼지에게 골고루 나눠 주고 잘 자랄 수 있도록 도왔다.

"여보, 큰일이오! 전쟁이 터졌다 하오."

"네? 전쟁이요?"

아버지와 어머니가 근심이 가득한 얼굴로 반기문과 동생들을 바라보았다.

"아버지, 무슨 전쟁이 터졌다는 거예요? 또 일본놈들이 우리나라를 쳐들어온 거예요?"

반기문이 입술을 앙다물며 아버지에게 물었다. 아직은 어린 일곱 살이지만, 반기문은 자기가 태어난 다음 해까지만 해도 일본이 우리나라를 강제로 점령하고 있었다는 것을 알고 있었다.

아버지가 고개를 가로저었다.

"차라리 일본이라면 이렇게 슬프지는 않겠구나. 지금 전쟁을 일으킨 것은 일본이 아니라 우리와 같은 민족인 북한 사람들이란다. 북한 공산당들이 삼팔선을 넘어 쳐들어왔다는구나. 그래서 이곳보다 좀 더 안전한 외갓집으로 피난을 가야겠다."

부모님은 서둘러 간단하게 짐을 꾸려 가족 모두를 이끌고 외갓집으로 갔다. 외갓집은 반기문 가족이 살던 곳보다 훨씬 외진 시골이었다.

외갓집에서 생활하는 내내 어머니는 틈이 날 때마다 반기문을 붙잡고 이렇게 말했다.

"기문아, 혹시 전쟁 중에 무슨 일이 생기기라도 한다면 네가 이 집안 가장이 되는 것이니 동생들을 잘 돌보아야 한다. 알겠니?"

어머니가 반기문에게 한 이 다짐은, 그 뒤 오래도록 반기문이 몸가짐을 바르게 하고 책임감 있는 행동을 하도록 하는 주춧돌이 되었다.

반기문은 1944년 6월 13일, 충청북도 음성에서 태어났다. 반기문은 둘째 아들이었지만, 형이 태어난 지 얼마 안 되어 죽는 바람에 맏이 노릇을 하게 되었다.

할아버지는 손자 반기문을 매우 아끼고 사랑했다. 반기문이 앞으로 큰 인물이 될 거라 기대를 걸 만큼 아주 어릴 때부터 매우 영리하고 남달랐기 때문이다.

반기문네 집안은 전쟁이 일어나기 전까지는 꽤 넉넉한 살림을 사는 편이었다. 할아버지가 한약방을 했기 때문이다. 아버지 역시 청주 농업 고등학교를 뛰어난 성적으로 마치고 큰 회사에 들어가 일할 만큼 능력 있고 성실한 분으로 소문이 난 사람이었다.

그 뒤 반기문네는 아버지 직장 때문에 세 살 때는 청주로, 여덟 살 때는 충주로 이사를 했다.

할아버지와 할머니, 부모님 사랑을 듬뿍 받고 자라던 시절, 반기문은 아쉬울 것이 없었다.

반기문과 바로 아래 남동생은 할아버지가 하는 한약방을 헤집고 다니며 입이 궁금할 때면 달콤한 *감초를 씹곤 했다.

아버지는 회사 일을 끝내고 친구들과 술 한 잔 마시고 밤늦은 시간에 집으로 돌아올 때면, 반기문과 동생들에게 꼭 무언가를 사다 주곤 했다.

아버지 손에 들린 것은 때로는 따끈따끈한 찐빵이기도 했고, 때로는 고소한 군밤이기도 했다. 또 어떤 날에는 그 당시 아주 인기가 많은 만화책을 사다 주기도 했다.

그래서 반기문과 동생들은 밤늦게까지 자지 않고, 아버지를 기다리는 날이 많았다.

"얘들아, 얼른 자거라. 이렇게 밤늦게까지 자지 않으면 내일 아침에 일어나기 힘들잖니? 그러니 얼른 자도록 하렴."

밤늦게까지 아버지를 기다리는 날이면 어머니는 반기문과 동생들에게 주의를 주었다.

"어머니, 조금만 더 있다 잘게요. 지금 책을 읽고 있어요."

반기문은 이렇게 말하고, 동생들과 뜻있는 눈길을 주고받았다.

---

* 감초 | 콩과의 여러해살이풀로, 붉은 갈색이 도는 뿌리는 달아 먹거나 약재로 씀.

반기문이 책 읽는 것을 무척 좋아한다는 것을 알고 있던 어머니는, 아이들이 하는 말을 믿어 주었다. 그러면 아이들은 아버지가 돌아오기를 기다리며, 전에 아버지가 사다 주었던 재미난 만화책들을 들춰 보곤 했다.

늦은 밤 집으로 돌아온 아버지 손에 들려 있는 선물은 먹을 것과 만화책뿐만이 아니었다. 어느 날인가는 집에 늦게 돌아온 아버지 손에 두툼한 책이 들려 있었다.

"자, 책 많이 읽고 열심히 공부해야지."

아버지가 책을 내밀자, 어머니가 한 마디 했다.

"아니, 웬 책을 또 사 오셨어요? 지난번에는 만화책을 사 오시더니 이번엔 두꺼운 책을 사 오셨네요."

어머니 말에 아버지가 웃으며 말했다.

"허허, 이 책은 아마 아주 좋은 책일 거요. 내 친구 가운데 책 도매상을 하는 녀석이 있는데, 그 친구가 좋은 책이라고 권해 주더군. 우리 아이들이 이 책을 읽고 훌륭한 사람이 되면 더 바랄 게 없겠지. 안 그렇소?"

그러나 사실 아버지는 손에 들고 온 책 제목이 무엇인지도 유심히 보지 않았던 터였다. 책을 팔지 못한 아버지 친구가 제발 책 좀 팔아 달라고 부탁하자, 그것을 거절하지 못하고 사 온 것이었다.

반기문은 그런 아버지가 좋았다. 게다가 좋아하는 책을 마음껏 읽을 수 있어서 더 좋았다.

그뿐만이 아니었다. 아버지는 어려움을 겪는 사람들을 보면 그냥 넘기지 못했다. 한번은 집에 *한센병 환자를 데려온 적도 있었다.

---

* **한센병** | 나균 감염으로 일어나는 만성 전염병. 옛날에는 치료가 어려웠지만, 새로운 약이 개발되어 치료가 가능해졌다. 나균을 발견한 노르웨이 사람 한센 이름에서 유래함.

그 당시에는 마땅한 치료약이 없었던 때인지라 한센병은 문둥병, 또는 나병이라고 불리는 무서운 병이었다. 한센병에 걸려 치료를 못 받으면 살이 썩어 살점이 떨어져 나갔다.

사람들은 치료약이 개발되어 쉽게 고칠 수 있는 가벼운 병이 된 뒤에도 한센병을 무서워했다.

그러나 한센병에 대한 무서움은 어리석은 것이었다. 한센병에 혹시 걸리더라도 약만 잘 먹으면 금세 나을 수 있었다. 하지만 많은 사람들이 그런 사실을 잘 모르고 있었다.

아버지는 학교 다닐 때 친했던 친구가 한센병에 걸려 집에서도 쫓겨나 갈 곳 없어 떠돌고 있는 것을 보자 마음이 아팠다. 그래서 그를 집으로 데려왔던 것이다.

가족들은 모두 눈이 휘둥그레졌다. 병을 옮길 수도 있는 사람을 집으로 데려온 아버지를 이해할 수 없었다.

"이분은 아버지 친구란다. 모두 인사드리거라. 이분은 한센병 환자이기는 하지만, 치료를 받아서 이제는 거의 다 나았단다. 그러니 병을 옮기지도 않아. 흉터가 좀 있긴 하지만, 보통 사람과 똑같단다."

아버지가 이렇게 말했지만, 어머니도 아이들도 모두 아버지 친구가 무서웠다.

어머니는 아버지 친구 밥상을 따로 차렸다. 그러자 아버지가 버럭 화를 냈다.

"절대로 병을 옮기지 않는다고 얘기했는데, 어째서 밥상을 따로 차리는 거요? 어서 모두 같이 먹을 수 있게 다시 차리도록 해요."

아버지 말에 할 수 없이 어머니는 상을 다시 차렸다. 아버지 친구는 그 뒤 육 개월이나 반기문네 집에서 함께 살았다.

식구들은 아버지가 무서워 아무 말도 할 수 없었지만, 아버지 친구가 집에 함께 사는 동안 내내 혹시라도 전염병이 옮기지는 않을까 두려움에 떨어야 했다. 아버지는 그렇게 마음씨가 어질고 따뜻한 분이었다.

반기문은 그런 다정한 아버지를 사랑하고 존경했다. 그리고 아버지 역시 늘 손에서 책을 놓지 않는 맏이 반기문의 의젓한 모습을 흐뭇하게 바라보곤 했다.

전쟁이 끝나갈 무렵, 반기문네 집안 형편은 점점 어려워졌다. 사람들이 남 어려운 사정을 보면 그냥 넘어가지 못하는 아버지의 여린 마음씨를 이용해서 돈을 빌리고 갚지 않는 일들이 자주 생겼기 때문이었다.

아버지는 그런 사실을 어머니에게 말하지 않았다. 이제 반기문네 집안 형편은 전쟁 전에 넉넉하게 살았던 흔적을 찾아볼 수 없을 만큼 가난해졌다. 게다가 엎친 데 덮친 격으로 아버지가 다니던 회사마저

그만 망하고 말았다.

이제 아버지는 직장을 잃은 실업자가 되었다. 그러자 아버지에게 도와 달라며, 또 *빚보증을 서 달라며 살갑게 찾아오던 많은 사람들이 하나 둘 발길을 끊었다.

반기문네는 조그맣고 보잘것없는 집으로 이사를 해야 했다. 그렇게 형편이 어려워졌지만, 아버지와 어머니는 아이들을 키우는 데에 조금도 소홀하지 않았다.

또한 반기문과 동생들도 가난하다고 불평하거나 힘들어하지 않고, 씩씩하고 밝게 잘 자랐다.

그러는 동안 반기문은 어느새 중학생이 되었다. 하루는 어머니가 반기문과 동생들을 불렀다.

"부르셨어요, 어머니?"

"그래, 너희들에게 특별히 할 말이 있어서 불렀단다. 새끼돼지를 사서 너희들에게 한 마리씩 줄 테니 열심히 잘 키우도록 해라. 그 돼지가 새끼를 낳으면 너희들 주마."

"와, 정말이에요?"

---

* **빚보증** | 다른 사람이 빚을 내는 데 참여하여 계약한 날에 빚을 갚을 것을 보증하는 일.

반기문과 동생들 눈이 커졌다. 어머니가 고개를 끄덕이자, 첫째 동생이 주먹을 꼭 쥐며 말했다.

"내가 형보다 더 잘 키울 테야!"

"아냐, 내 돼지가 제일 잘 자랄걸?"

동생들은 서로 잘 키우겠다고 야단이었다. 그런 아이들 모습을 보고 어머니는 흐뭇하게 웃었다. 아이들에게 한 마리씩 새끼돼지를 직접 키워 보게 해서 서로 경쟁도 하고, 스스로 무언가를 할 수 있는 힘도 길러 주려 했던 것이다.

반기문은 돼지들에게 먹일 음식 찌꺼기를 구하기 위해 집집마다 모으러 다녀야 했다. 아직은 힘이 약한 동생들보다 반기문이 나서서 해야 할 일이었다.

그렇지만 반기문은 한 번도 불평하지 않았다. 오히려 언제나 일찍 일어나 음식 찌꺼기를 얻어다가 동생들 돼지에게 골고루 나눠 주고, 잘 자랄 수 있도록 도왔다.

반기문은 언제나 의젓하고 믿음직한 형이자 오빠였다. 동생들은 이런저런 일로 싸우다가 곤란해지면 반기문을 불렀다. 그러면 반기문은 싱긋 웃으며, 어떤 곤란하고 어려운 문제도 척척 해결해 주었다.

하루는 반기문이 동생들을 불렀다.

"형, 왜 부르는 거야?"

"어머니가 혼자서 집안일을 모두 하려면 너무 힘드실 것 같아. 그러니 우리가 집안일을 거들어 드리자. 안방 청소라든지, 마당과 마루 청소 같은 것 말이야."

동생들은 반기문 말을 듣더니 서로 앞다투어 나섰다.

"내가 마당 청소를 할게."

"아냐, 내가 마당 청소할게. 오빠는 방을 청소해."

"야, 왜 내가 제일 힘이 드는 방 청소를 해야 되니? 방 청소는 비로 쓸고, 걸레로 힘들게 박박 문질러 닦기까지 해야 하잖아. 그런 건 너나 해!"

동생들은 이렇게 서로 자기가 하고 싶은 곳만 하겠다고 싸우기 시작했다.

그러자 반기문이 동생들을 가로막았다.

"그렇게 싸우고만 있으면 어떡해! 누구나 자기가 좋아하는 것만 할 수는 없어. 얘들아, 우리 이렇게 하면 어떨까? 가위바위보로 일을 정하는 거야."

"가위바위보라고?"

"그래. 가위바위보를 해서 이긴 사람이 자기가 원하는 곳을 맡는 거야. 그 대신 진 사람은 아무 불평 없기다. 어때?"

반기문 말에 동생들은 고개를 끄덕였다. 그렇게 하면 불만이 생겨도 두덜거리지 않을 것 같았다.

"좋아, 자, 시작! 가위, 바위, 보!"

"가위, 바위, 보!"

모두 함께 머리를 맞대고 가위바위보를 했다.

"어? 내가 이겼다! 헤헤, 그럼 난 제일 쉬운 마당 청소를 할래. 마당이야 싸리비로 쓱쓱 몇 번 쓸기만 하면 끝이니까."

"어어? 뭐야, 내가 이길 줄 알았는데 꼴찌잖아. 에이, 할 수 없지 뭐. 내가 방 청소를 해야지."

동생들이 사이좋게 자기 역할을 맡는 모습을 보며, 반기문 얼굴에 웃음꽃이 피었다.

"졌다고 너무 실망하지 마. 다음번에는 이겨서 하기 쉬운 곳을 맡도록 하렴."

"그럼, 다음에도 또 가위바위보를 해서 정할 거야? 와, 그럼 가위바위보 연습을 열심히 해야지!"

"천만에! 오빠한테 난 절대로 안 질 거야!"

힘든 청소를 맡은 동생도, 쉬운 청소를 맡은 동생도, 반기문도 모두 함께 한바탕 크게 웃었다.

이렇게 반기문은 무슨 일이든 동생들을 잘 챙기고, 공정하게 돌보는 현명한 아이였다.

시크릿 포인트
Secret Point 1

스스로 책임감을 가져라

여러분 중에는 자발적으로 맡게 되는 일이 아닌 일들에 대해서는 조금 소홀해지기도 하고, 때로는 대충대충 때워 버리려는 친구들도 있는 것 같아요. 어째서 그런 걸까요? 그건 아마 자기가 원하고 선택한 일이 아니기 때문일 거예요.

그렇다면 반기문이 한 집안 맏아들이 된 것은 반기문이 선택한 일이었을까요? 한 집안 장남으로 태어난다는 것은 결코 자기가 원하거나 선택해서 되는 일이 아니에요. 경험을 한 친구들도 있겠지만, 맏이가 되는 것은 꽤 귀찮고 성

가신 부분이 많아요. 동생들이 많은 경우에는 더욱 그렇지요.

만약 그런 경우에 귀찮고 짜증난다고 신경질만 부리고 투덜거린다면 어떨까요? 그것은 결코 자기에게도, 가족 평화를 지키는 데도 도움이 되지 않아요. 반기문도 때로는 동생들에게 시달리는 것이 귀찮고 맏이로서 역할이 부담스럽게 느껴졌을 거예요. 하지만 반기문은 스스로 맏이로서 책임을 다하였고, 때로는 기꺼이 그 희생을 감수했어요. 그런 반기문 행동은 동생들뿐 아니라 부모님에게도 충분히 인정받을 만한 것이었지요. 동생들은 맏이인 반기문을 믿고 반기문이 하는 대로 따랐어요.

여러분도 자기가 맡은 일이 버겁고 귀찮을 때가 있을 거예요. 그럴 때면 그 책임을 다했을 때 얻게 될 기쁨이나 보람을 생각해 보아요. 그러면 한결 기운이 날 테니까요.

2 외교관이 꿈인 아이

'장관님은 외교란 전 세계와 우리나라를 이어 주는
다리 같은 거라고 하셨어. 그건 얼마나 멋진 일일까?
온 세계를 다니며 우리나라를 대표해서 열심히 일한다면 정말 더
바랄 게 없을 거야. 그래, 난 이다음에 커서 외교관이 될 테야.'

"형!"

늦은 밤, 반기문이 불을 켜고 책을 읽고 있는데 동생이 불렀다.

"응? 너 아직 안 잤어?"

"형이 그렇게 불을 환하게 켜고 부스럭거리는데, 내가 어떻게 잠을 자겠어?"

동생이 볼멘소리로 말했다.

"하하, 나 때문에 네가 피해를 보는구나. 미안해."

"미안한 거 알면 얼른 불 꺼 줘. 난 자고 싶단 말이야."

"알았어, 알았어! 조금만 더 보고 끌게. 좀 봐 줘라, 응?"

"어유, 아직도 더 본다고? 형은 정말 공부하는 게 그렇게 좋아? 난 책 보면 졸립기만 한데……."

"졸립다니, 공부가 얼마나 재밌는데……."

"아유, 빨리 불 끄란 말이야. 내일 학교 가서 졸다 걸리면 선생님께 형 때문이라고 얘기할 거야."

반기문은 밝은 불빛에 잠을 못 이루고 뒤척이는 동생 때문에 얼른 불을 꺼야겠다고 생각하며, 서둘러 책장을 넘겼다. 그러나 반기문은 책장을 넘길수록 눈은 더욱 초롱초롱해졌다. 뒷이야기가 어떻게 끝나는지, 주인공은 또 어떤 일을 벌일지 궁금해서 도저히 잠이 올 것 같지가 않았다.

책을 좋아하고 공부를 잘하는 반기문은 그것만으로도 온 동네에 소문이 자자했다. 반기문은 좋아하는 책을 더 많이 읽으려고, 아침 일찍 일어나 서둘러 학교에 갈 정도였다.

"기문이 좀 봐라. 얼마나 기특하냐?"

동네 아이들은 반기문을 칭찬하는 소리에 귀가 따가울 정도였.

그렇다고 반기문이 좋아하는 책만 읽느라 학교 공부를 싫어하는 것은 아니었다. 반기문은 공부 시간에 모르는 것을 선생님에게 배우는 것도 너무 좋았다. 새로운 것을 알면 알수록 더욱 많은 새로운 것들에 대한 호기심이 생겼다.

게다가 외우는 것을 좋아해서 툭하면 학교를 오가는 길에 친구들에게 외우기 겨루기를 하자고 졸라 댔다.

"야, 또 외우기를 겨루자고? 넌 외우는 게 그렇게 좋아?"

친구들이 물었다.

반기문은 벌쭉 웃으며 고개를 끄덕였다.

"그래, 난 외우는 게 좋아. 열심히 외우다 보면 아무리 어렵고 힘든 것도 이해가 되고 내것으로 만들 수 있거든."

반기문 말에 친구들이 눈을 둥그렇게 떴다.

"야, 난 네가 머리가 무지무지 좋아서 잘 외우는 줄 알았는데, 어렵고 힘든 것을 이해하기 위해 외웠단 말이야?"

"내가 뭐 천재라도 되는 줄 알았니? 사실 나도 공부가 어렵고 힘든 건 너희들이랑 똑같은걸 뭐. 그런데 아무리 어렵고 힘들어도 끝까지 외우고 또 외우면서 그 내용을 생각하다 보면 내용도 이해되고 공부에 자신감이 붙더라."

"그렇구나. 하긴 너를 보면 언제나 중얼중얼 외우고 또 외우더라. 그럼, 우리도 너처럼 그렇게 공부하면 실력이 늘겠네?"

"당연하지. 자, 그럼 나랑 외우기 한 번 겨뤄 볼래?"

"하하, 너 또 시작이야?"

아이들이 일제히 웃음보를 터뜨렸다. 처음에는 공부 잘한다고 소문

난 반기문을 보고, 샘내고 잘난 척한다고 기분 나빠하기도 했던 아이들이 반기문에 대해 새롭게 알게 되는 순간이었다.

하지만 어떤 아이는 끝내 반기문이 약을 올리며, 싸움을 걸어오기도 했다.

"야, 반기문! 너는 쉬는 시간에도 공부냐? 공부 잘한다고 잘난 척하는 것은 집에서나 하는 게 어때?"

그렇지만 반기문은 결코 잘난 척하지 않았다. 게다가 누군가가 공부를 어려워하며 혹시 반기문에게 물어보기라도 하면 정성껏 쉽고도 친절하게 알려 주었다. 그러면서 반기문은 친구들에게 다정하게 말했다.

"나는 운동을 잘 못해. 그러니 책이라도 열심히 읽어서 너희들에게 도움이 필요할 때 도와 줘야지."

그제야 아이들은 반기문의 올곧은 마음씨를 이해하고 좋아하게 되었다. 반기문은 반장이 되었고, 아이들한테서 반 선생이라는 별명까지 얻었다.

그것은 수업이 끝나면 아이들은 어려운 문제를 들고 반기문을 찾아갔는데, 그때마다 반기문은 귀찮아하지 않고, 늘 친절하고도 자세히 가르쳐 주었기 때문이다.

"하하, 기문아, 네가 가르치는 게 선생님이 가르치시는 것보다 훨씬 더 이해가 잘된다니까. 넌 정말 훌륭한 선생님이야."

아이들은 이렇게 반기문을 칭찬했다. 그 사실을 알게 된 선생님들까지 반기문을 반 선생으로 부를 만큼 반기문 인기는 높아졌다.

반기문이 초등학교에서 반장을 맡게 되었을 때 일이다. 선생님이 반장인 반기문에게 청소를 마치면, 확인한 뒤 아이들을 집으로 돌려보내라고 말했다.

그런데 반기문은 선생님이 집으로 돌아간 뒤에도 오랫동안 아이들을 집에 돌려보내지 않았다. 아이들이 반기문 말을 잘 따르지 않아 교실이 엉망이 되었고, 반기문은 그것을 참을 수가 없었던 것이다.

늦게까지 집에서 아이들을 기다리던 부모님들이 학교로 찾아왔다. 그리고 반기문 때문에 아이들이 집에 못 가고 있다는 것을 알았다. 아이들 부모님들이 반기문을 나무라며 물었다.

"기문아, 왜 아이들을 집에 돌려보내지 않은 거니? 이렇게 늦은 시간까지 돌려보내지 않으면 모두들 걱정하잖아?"

그러자 반기문이 입술을 깨물며 말했다.

"저는 선생님을 대신해서 우리 학급을 이끌어 가는 반장이에요. 그런데 아이들이 저를 무시하고 제 말을 듣지 않았어요. 그래서야 어디 우리 학급을 잘 이끌어 갈 수 있겠어요? 그렇게 말을 안 들을 거면 저를 반장으로 뽑지 말았어야지요. 뽑아 놓고서 말을 안 들으면 어떻게 해요?"

반기문 말에 어른들은 놀라서 할 말을 잃었다. 반장을 맡은 책임을 다하기 위해 아이들을 규율에 따라 이끌려 하는 반기문 모습이 어린아이였지만, 너무나 당당해 보였다.

그뿐만이 아니었다. 반기문은 중학교 때 키가 제일 커서 학교 행사가 있을 때 깃발 드는 역할을 맡았다. 그런데 연습이 길어지면서 깃발을 들고 있는 일이 몹시 힘들었다. 그렇지만 반기문은 끝까지 깃발을 들었다.

무거운 깃발을 들지 않고 연습하던 아이들도 무더위에 푹푹 쓰러지는 상황이었지만, 반기문은 땀을 뻘뻘 흘리면서도 손에 든 깃발을 놓지 않았다.

그리고 얼마 뒤, 반기문은 정신을 잃고 양호실로 실려 갔다. 내가 힘들면 다른 사람들도 힘들 거라는 생각에 반기문은 무더위에 깃발을 들고 있는 고통을 견뎠던 것이다.

공부 역시 마찬가지였다. 반기문이 초등학교 육 학년 때, 반기문과 일 등을 두고 서로 다투던 친구가 있었다. 그 친구는 유난히 수학, 특히 주산을 잘했다. 반기문은 그 친구를 이겨 보고 싶었다.

"나랑 주산 한 번 겨뤄 보지 않을래?"

"그래, 좋아."

친구는 반기문 부탁을 기꺼이 들어 주었다. 주산이라면 반기문에게 지지 않을 자신이 있었기 때문이다. 두 아이는 곧 친구들이 심판을 보는 가운데 주산 겨루기를 했다. 그런데 전혀 예상치 못한 결과가 나왔다. 성적으로는 늘 비슷했는데, 주산은 반기문이 한참 뒤졌던 것이다. 그 사실은 반기문에게 큰 실망을 주었다.

'하지만 겨우 한 번뿐인걸. 다시 해 보면 되지.'

반기문은 며칠 동안 손가락에 불이 나도록 주산 연습을 했다. 그리고 며칠 뒤, 또 한 번 도전장을 냈다.

그러나 결과는 역시 참패였다.

"야, 주산만은 기문이가 안 되겠다. 포기하지 그러니?"

심판을 본 친구들이 말했지만, 반기문은 그만두지 않았다. 반기문은 몇 번이나 친구에게 지면서도 또다시 도전장을 냈고, 마침내는 기어이 그 친구를 이기고야 말았다.

"기문이 너 정말 대단해."

겨루기에서 진 친구가 말했다. 그러자 반기문은 그저 씩 웃으며 이렇게 말했다.

"그냥 나도 열심히 해 보고 싶었을 뿐이야. 너는 할 수 있는데, 나는 왜 잘 안 될까 궁금했거든."

이렇게 반기문은 남에게 싫은 소리 한 번 안 하는 부드러운 성격이었지만, 한 번 옳다고 여기거나 해야겠다고 마음먹은 일은 꼭 해내고야 마는 고집이 있었다.

그런 반기문에게 커다란 꿈을 갖게 하는 사건이 일어났다.

*외무부 장관이 반기문이 다니는 교현 초등학교를 방문한 것이다. 큰 도시가 아니라 조그만 지방 도시에 외무부 장관이 온 것은 정말 굉

---

* **외무부** | 외교 정책, 통상 경제 협력, 조약, 기타 국제 협정 따위에 관한 사무를 맡아보던 중앙 행정 기관. 1998년에 지금 외교통상부로 이름이 바뀜.

장한 일이었다.

변영태 외무부 장관이 어린이들 앞에서 연설을 했다.

"나는 우리나라를 대표해서 우리나라와 다른 나라 사이에서 일어나는 여러 가지 일들을 맡고 있습니다. 그것은 매우 중요한 일이에요. 여기 있는 어린이들 중에도 외교관이 되어 나라에 보탬이 되는 사람이 생겨나기를 바랍니다. 아마 여러분 중에도 분명 훌륭한 외교관이 될 사람이 있을 것입니다."

외교관이라는 직업에 대해 반기문은 이날 처음으로 생각하게 되었다. 왠지 우리나라를 대표해서 다른 나라와 생기는 문제를 처리하는 외교관이 아주 매력적으로 느껴졌다.

반기문은 집으로 돌아오며 생각했다.

'장관님은 외교란 전 세계와 우리나라를 이어 주는 다리 같은 거라고 하셨어. 그건 얼마나 멋진 일일까? 온 세계를 다니며 우리나라를 대표해서 열심히 일한다면 정말 더 바랄 게 없을 거야. 그래, 난 이다음에 커서 외교관이 될 테야.'

어느새 반기문 가슴속에는 외교관이라는 꿈이 멋지게 자리잡게 되었다.

반기문이 육 학년 때, 어느 날 담임선생님이 반기문을 불렀다.

"기문아, 선생님이 네게 부탁할 게 있단다."

"네, 말씀하세요."

"너 *유엔이 뭔지 아니?"

"책에서 읽은 것 같긴 한데 잘 모르겠어요."

"유엔은 세계 각 나라들이 모여서 세계 평화와 협력을 위해 만들었지. 사무총장은 그 유엔 대표라고 할 수 있는데, 기문이 네가 그 유엔 사무총장에게 편지를 썼으면 한단다."

"어떤 편지요?"

"지금 헝가리 사람들은 소련으로부터 독립하기 위해 투쟁하고 있단다. 마치 우리나라 사람들이 일본으로부터 나라를 되찾기 위해 독립 운동을 했던 것처럼 말이야. 그래서 지금 유엔 사무총장인 함마르시욀드라는 분께 자유를 찾기 위해 어려운 싸움을 하고 있는 헝가리 사람들을 도와 달라고 호소하는 글을 쓰는 거란다. 그 글을 써서 우리 학교 어린이들 앞에서 읽는 거야. 물론 선생님이 조금 도와줄 테지만, 선생님 도움 없이도 너는 잘할 수 있을 거야. 어때, 할 수 있겠지?"

---

* **유엔(UN)** | 국제 연합. 제이 차 세계 대전 후 국제 평화와 국제 협력을 달성하기 위해 만든 국제 평화 기구.

반기문은 선생님 말씀에 가만히 고개를 끄덕였다. 앞으로 외교관이 될 꿈을 가졌는데, 외교관 중에서 가장 높은 사람이라고 할 수 있는 유엔 사무총장에게 편지를 써 보라는 선생님 말씀은 반기문을 들뜨게 만들었다.

며칠 뒤, 반기문은 온 마음과 정성을 다해서 유엔 사무총장에게 헝가리가 소련으로부터 자유를 얻을 수 있도록 노력해 달라고 쓴 글을, 전교생 앞에서 크고 분명한 목소리로 낭독했다.

비록 서툴고 어설픈 글이었지만, 자기가 쓴 편지가 반드시 유엔 사무총장에게 전해질 거라는 믿음으로 또랑또랑 편지를 읽는 반기문 목소리에 점점 더 힘이 실리고 있었다.

그리고 놀랍게도 유엔 사무총장에게 헝가리 사람들을 도와 달라고 호소하는 마음을 담은 편지를 썼던 초등학생 반기문은, 그 편지를 쓴 지 정확히 오십 년 뒤에 유엔 사무총장 자리에 올랐다. 아직은 어린 나이인 반기문으로서는 전혀 생각지도 못한 놀라운 결과였다.

시크릿 포인트
Secret Point 2

주위에서 벌어지는 일들에 **관심**을 가져라

관심을 갖는 것은 무슨 일을 하는 시작이 될 수 있어요. 세상 많은 것들에 대해 관심을 갖는 일은 매우 중요하지요. 사실 여러분은 아직 어려서 이 세상 많은 것들에 대해 잘 알지 못해요. 그래서 당장 눈앞에 보이는 것만을 보고, 그것이 세상 전부인 양 생각하기도 하지요. 하지만 세상에는 여러분이 알고 있는 것 말고도 무척이나 다양한 여러 가지 삶이 있어요.

반기문은 자기가 다니는 초등학교에 외무부 장관이 와서 연설을 하자, 외교관이라는 직업에 대해 관심을 갖게 되었어요. 그날 교현 초등학교에서 변영태 외무부 장관 연설을 들은 아이들은 아주 많았지요. 전교생이 모두 모여 있었으니까요. 그러나 외무부 장관 연설에 귀를 기울이고, 외교관이라는 직업에 관심을 가진 아이는 반기문뿐이었어요. 관심을 갖게 되면 많은 것들을 알 수 있게 되지요. 예를 들어, 외교관이 되려면 가장 중요한 것이 영어라는 것 같은 거 말이에요.

여러분은 어떤가요? 처음 보는 것이나 낯선 것에 대해 관심을 갖나요? 자, 꿈이 아직 없는 친구가 있다면 한 번 주위를 둘러보아요. 여러 가지 일들이 여러분 주위에서 벌어지고 있을 거예요. 그중 한 가지에 관심을 갖고 꾸준히 지켜 보아요. 그것이 여러분 미래를 결정지을 수도 있어요.

3 영어 교재를 만들다

반기문은 자기가 영어 교재를 만들 수 있을지 자신이 없어 쉽게 대답할 수 없었다. 그러나 선생님은 반기문에게 녹음기와 자료를 한 아름 안겨 주며 격려해 주었다.
"너라면 할 수 있을 거야. 열심히 한 번 만들어 보도록 해라!"

중학생이 된 반기문은 다른 공부도 잘했지만, 특히 영어에 푹 빠져 있었다.

"기문아, 어떻게 하면 너처럼 영어를 잘할 수 있니? 제발 좀 가르쳐 줘, 응? 부탁이야."

한 친구가 반기문에게 영어 잘하는 방법을 물어보았다. 반기문은 평소대로 빙그레 웃으며

아무렇지도 않게 자기 비법을 알려 주었다.

"그거야 선생님이 숙제 내주시는 대로 열심히 하는 거지. 나라고 뭐 별다른 건 없어."

"선생님이 숙제 내주시는 대로?"

"그래. 선생님이 영어 일 단원부터 삼 단원까지 써 오라고 하시면 그대로 써 가고, 일 단원부터 마지막 단원까지 써 오라고 하시면 또 그대로 써 가고……. 그렇게 교과서를 통째로 몇 번이나 쓰다 보면 저절로 외워지거든."

"뭐? 그럼, 넌 지금까지 선생님이 내주신 숙제를 하나도 안 빠뜨리고 다 했단 말이야? 영어 선생님은 항상 영어 책 베껴 쓰는 숙제를 내주셨잖아. 얼마나 끔찍하게 많던지 그 숙제를 제대로 다 한 아이는 없는 걸로 아는데?"

친구가 눈이 휘둥그레져서 말했다. 그러자 반기문은 진지한 얼굴로 대답했다.

"그래. 영어는 많이 외울수록 실력이 늘거든."

"이제 네가 왜 영어를 잘하는지 알 것 같다. 난 영어 선생님이 내주신 숙제를 제대로 해 간 적이 없었어. 너처럼 영어를 쓰고 또 쓰는데 안 외워질 리가 없고, 영어를 잘하지 못할 리도 없겠지. 정말 대단해, 너는."

사실 반기문은 머리가 나쁜 편이 아니었다. 그렇지만 성적이 그토록 뛰어날 수밖에 없었던 진짜 이유는, 좋은 머리 때문이 아니라 끝없이 노력하고 또 노력하는 그 끈기 때문이었다.

그런 반기문이 영어를 더 할 수 있게 된 계기는 따로 있었다. 반기문이 고등학교에 진학할 무렵이었다. 대부분 공부 잘하는 친구들은 서울로 가고, 집안 형편이 어려운 아이들만 남아 있던 터라 분위기는 썩 좋지 않았다.

"야, 우린 이게 뭐냐? 우리보다 훨씬 공부 못 하는 애들도 다 서울로 갔는데……."

친구가 하는 푸념에 반기문이 웃으며 말했다.

"그래도 우리 충주 고등학교에서도 해마다 서울대에 두어 명씩은 진학했잖아. 그러니 우리도 서울 못 갔다고 실망하지 말고, 그냥 열심히 하면 되겠지."

"참 너는 속도 좋다. 그래, 좋아! 까짓 뭐 서울이라고 별다르겠어? 우리도 여기서 열심히 공부해서 서울대 가면 되지."

반기문과 친구는 처음 다짐대로 고등학교에 입학하면서부터 아주 열심히 공부했다. 비록 집안은 어려웠지만, 실력은 서울로 간 아이들에게 뒤지지 않았기에 열심히 해야겠다는 결심은 더욱 굳어졌다.

어느 날, 영어 선생님이 반기문을 불렀다.

"부르셨어요, 선생님?"

"그래, 어서 오너라. 선생님이 그동안 널 지켜 보니까, 네가 영어에 관심도 많고 실력도 있다는 생각이 들었단다. 그래서 네가 영어 교재를 직접 한 번 만들어 보면 어떻겠니?"

"영어 교재라고요?"

"그래. 물론 쉽진 않겠지만 영어 교재를 만들다 보면 네 실력도 부쩍 올라갈 것이고, 아이들 수준을 잘 알고 있는 네가 만든 영어 교재는 친구들에게도 많은 도움이 될 거야. 어때, 해 보지 않겠니?"

"그게……."

반기문은 자기가 영어 교재를 만들 수 있을지 자신이 없어 쉽게 대답할 수 없었다. 그러나 선생님은 반기문에게 녹음기와 자료를 한 아름 안겨 주며 격려해 주었다.

"너라면 할 수 있을 거야. 열심히 한 번 만들어 보도록 해라!"

반기문은 할 수 없이 선생님이 준 녹음기와 자료를 안고, 교무실을 나섰다. 그러나 도대체 어떻게 교재를 만들어야 할지 앞이 깜깜했다. 문법이야 지금껏 배운 것을 바탕으로 어떻게 만들어 본다 하더라도 회화는 영 자신이 없었다. 자기 영어 발음으로 녹음을 하면 아무래도 좋은 영어 교재가 될 것 같지 않았다.

그러다 문득 반기문은 좋은 생각이 떠올랐다.

'그래, 그분들에게 도움을 청하는 거야.'

반기문이 떠올린 사람은 바로 충주 비료 공장에 와서 일하는 미국인 기술자들 부인들이었다. 그 당시 반기문이 살던 충주에는 미국이 기술 지원을 해서 세워진 비료 공장이 있었다. 6·25 전쟁이 끝난 뒤 어려운 우리나라 농업을 위해 미국이 도움을 주어 짓게 된 비료 공장으로, 미국인 기술자들 이십여 명이 직접 와서 공장 짓는 일 마무리를 하고 있었다. 바로 그 기술자들 가족들이 공장 근처에 모여 살고 있었던 것이다.

반기문은 고등학생이 된 뒤부터 비료 공장 기술자들 부인들을 찾아가 영어를 배우고 있었다. 외국인들이 있다는 소식을 듣고 그 근처를 여러 번 서성이고 또 서성이다가 겨우 얻은 기회였는데, 반기문뿐 아니라 영어에 관심 있는 여러 아이들이 일주일에 두어 차례 공부를 했던 것이다.

외국인에게 영어를 배우는 것은 그저 말만 배우는 것이 아니었다. 매우 어려운 형편이었던 우리나라 사람들 생활과 달리, 세계 최고 선진국 국민이었던 그들 생활 모습은 그 하나하나가 반기문과 친구들에게 큰 충격과 부러움을 안겨 주었다.

"야, 기문아. 너 그거 봤어?"

하루는 영어 수업을 끝내고, 집으로 돌아오는 길에 친구가 물었다.

"뭘 봤냐는 거야?"

반기문이 되물었다. 그러자 친구가 벙긋 웃으며, 다시 말을 이었다.

"그거 말야. 휴지……."

"아……, 그거?"

반기문도 웃음이 났다. 그러고 보니 반기문도 그 종이로 된 휴지라는 것을 보고, 꽤나 깜짝 놀랐던 기억이 났다.

"정말 부드럽더라, 그렇지?"

"응, 난 그렇게 부드러운 종이는 처음 봤어."

"우린 겨우 신문지를 찢어서, 뒤도 닦고 코도 풀고 하는데 말이야."

"우리나라도 빨리 잘 살게 되었으면 좋겠다. 그러면 뒤를 닦을 때도 그렇게 부드러운 종이 휴지를 쓸 수 있을 거 아니니?"

"그래, 그랬으면 좋겠다."

그뿐만이 아니었다. 반기문과 동네 사람들이 사는 세계와 외국인 기술자 가족들이 사는 담장 안은 너무나 많은 것이 달랐다. 반기문과 다른 많은 아이들은 그 안에 사는 사람들 삶이 정말 멋져 보였고, 부러

웠다. 아이들은 그곳에서 영어뿐 아니라 선진국 사람들 문화와 삶을 배울 수 있었던 것이다.

어느 날 반기문은 녹음기를 들고, 미국인 아주머니를 찾아갔다.

"기문, 그런데 오늘은 웬 녹음기를 들고 왔어?"

"네, 사실은 제가 학교 영어 선생님으로부터 영어 교재를 만들어 보라는 과제를 받았어요. 어떻게 문법 교재는 만들 수 있겠는데, 회화는 제 발음으로는 아무래도 어려울 것 같아서 아주머니께 부탁드리려고 왔어요."

"오, 영어 교재를 기문 학생이 직접 만든다니 정말 놀랍고 기특한 일이네."

"그럼 제가 교재 만드는 것을 도와주시겠어요?"

"물론이지. 자, 어디서부터 시작하면 좋을까?"

그렇게 해서 반기문은 훌륭하게 영어 교재를 완성할 수 있었다. 미국인 아주머니 선생님은 반기문이 열심히 공부하려는 노력을 알고 있었기 때문에 기꺼이 도와주었던 것이다.

반기문이 고등학교 이 학년이 되었을 무렵, 충주에 처음으로 영어 학원이라는 것이 생겼다. 반기문은 제일 먼저 달려가 등록했고, 어느 누구보다 열심히 영어를 공부했다.

"충주에서 영어 실력이 가장 뛰어난 남학생은 반기문이고, 여학생은 안영수예요."

반기문이 다니는 영어 학원 선생님이 말했다. 안영수는 반기문이라는 남학생이 어떤 학생인지 매우 궁금했다. 그래서 영어 학원에서 반기문이 누굴까 찾고 있는데, 아이들이 갑자기 안영수 옆구리를 쿡쿡 찔러댔다.

"얘, 얘, 바로 쟤가 그 반기문이야!"

"그래?"

안영수가 요모조모 살펴본 반기문이라는 남학생은, 껑충하게 큰 키에 매우 평범해 보이는 얼굴이었다.

"보기에는 공부 벌레로 보이지 않는데……. 봐, 선생님이 하시는 말씀에 그저 예, 예, 소리밖에 못 하잖아. 쟤가 정말 반기문 맞아? 어디 한 번 얘기해 봐야지."

안영수는 반기문에게 다가갔다.

"얘, 네가 반기문이지? 난 안영수라고 해. 우리 앞으로 친구로 지내는 게 어때?"

"어…… 그, 그래. 반가워."

그때부터 반기문과 안영수는 평생을 같이하는 좋은 친구가 되었다.

"그런데 기문아, 넌 왜 그렇게 열심히 공부하는 거니? 특히 영어 공부를 말이야."

갑작스런 안영수 질문에, 반기문이 뒷머리를 벅벅 긁으며 대답했다.

"내 밑으로 동생들이 많아. 그 애들한테 내가 모범이 돼야지. 게다가 우리 집은 가난해서 꼭 내가 공부로 성공해야 해. 특히 영어 공부를 열심히 잘하고 싶어. 나는 외교관이 되고 싶거든. 외교관이 되면 나는 이 작은 울타리를 벗어나서 더 넓고 큰 세계로 나갈 거야. 내가 필요한 곳이라면 어디든지 달려가서 내 힘껏 세상을 돕고 싶어. 그게 외교관이 하는 일이라고 생각해. 그리고 그렇게 외교관이 되려면 영어를 잘해야 할 거야. 그래서 나는 영어를 열심히 하는 것이고……. 그냥 노력하는 중이야."

"그렇구나……. 그래, 너라면 할 수 있겠다. 그렇지만 너무 공부만 하지 말고 시도 읽고, 여자 친구도 사귀고, 운동도 좀 해라. 넌 너무 모범생 같아."

"그래?"

반기문이 싱긋 웃었다.

"그래. 어려운 일이 있으면 친구끼리 툭툭 털어놓기도 하고 말이야. 넌 너무 어른스러운 것 같아."

"그럴지도 모르겠어. 하지만 난 우리 집안 맏이로 해야 할 일들이 너무 많아. 내가 잘 못하면 내 동생들이 뭘 보고 배우겠니?"

"야, 야! 네가 그렇게 너무 의젓하니까 학생 같지가 않고, 어른 같은 거야."

"하하! 그런가? 미안……. 앞으로 고민 있으면 너에게 말할게."

"아유, 무슨 말을 못하겠네. 기문아, 너 다른 것보다 유머 감각 좀 배워야겠다. 그렇게 진지하게 미안해하면 그런 말을 한 내가 오히려 더 미안하잖아."

안영수가 반기문 어깨를 툭툭 쳤다. 같은 학년이었지만, 나이는 안영수가 위였다.

안영수는 그 뒤 누나같이 듬직하고, 또 서로 격려하고 끌어 주는 좋은 친구로 오래도록 반기문 곁에 있었다.

시크릿
포인트
3
Secret Point

자기 자신과
싸움에서 이겨라

　반기문은 학교에서뿐 아니라 충주 전체에서 영어를 잘하는 아이로 꼽혔어요. 게다가 나중에 외교관이 되어서는 프랑스 어와 독일어까지 공부했지요. 그래서 웬만한 내용은 통역 없이도 자유롭게 대화를 나눌 수 있을 만큼 프랑스 어와 독일어 실력을 갖추었어요.

　그렇다면 반기문은 영어를 한 번 들으면 척척 외우는 천재였을까요? 물론 반기문은 머리가 아주 나쁜 편은 아니었지만, 그렇다고 천재 소리를 들을 만큼 대단한 머리도 아니었지요. 반기문은 어떻게 그토록 영어뿐 아니라 프랑스 어와 독일어까지 잘할 수 있었을까요? 그것은 바로 자기 자신과 싸움에서 이겼기 때문이에요. 배운 것을 놓치지 않고 날마다 열심히 한다는 스스로와 한 약속을 잘 지켰던 것이지요.

　그러나 자기 자신과 싸움은 다른 사람과 하는 싸움보다

 훨씬 어렵고 힘이 들지요. 그것은 결코 눈에 보이는 것이 아니기 때문이에요. 자기와 싸운다는 것은 바로 자기 자신과 약속하고, 그 약속을 지키는 것이에요. 자기와 한 약속을 스스로 잘 지켜 내면 자기와 싸움에서 이기게 되는 것인데, 이게 말처럼 쉬운 게 아니어서 문제이지요. 그렇지만 날마다 선생님이 내주는 숙제를 밀리지 않고 반드시 해낸다거나 예습 복습을 꼭 한다거나 하는 자기와 한 약속을 어기지 않고 지켜 내는 게 필요하지요. 자기와 싸움에서 이기게 된다면, 그 사람은 다른 어떤 사람과 하는 경쟁에서 이긴 것보다 더 크고 값진 승리를 하게 되는 셈이에요.
 '대체 나는 하는 일마다 왜 이 모양일까? 나는 도저히 반기문 총장님처럼 훌륭한 사람은 되지 못할 거야.' 라고 생각하는 친구들이 있다면, 지금 당장 실천해야 하는 과제를 정하고 그것을 지키도록 노력해 보아요. 그렇게 해서 자신과 싸움에서 이기게 된다면 반기문 총장님보다 더 훌륭한 사람이 될 수 있을 거예요.

4 케네디 대통령을 만나다

"학생은 꿈이 뭐지요?"
"저는 외교관이 되는 것이 꿈입니다."
반기문 대답에 케네디 대통령은 빙긋 웃으며,
그 꿈이 꼭 이루어지기를 바란다고 말했다.

　　　　　　1962년, 어느새 반기문은 고등학교 삼 학년이 되었다. 반기문은 언제나처럼 열심히 공부하고 노력하는 학생으로 주위 사람들 칭찬과 기대를 한 몸에 받고 있었다.

　하루는 선생님이 교실에 들어와 아이들을 향해 말했다.

　"이번에 *적십자사에서 영어 대회를 연다고 한다."

　선생님이 영어 대회라는 말을 하자마자 아이들은 일제히 반기문을 바라보았다. 영어 대회라면 어떤 것이든 실력이 제일 뛰어난 반기문이 당연히 나가야 한다고 믿기 때문이었다.

---

* **적십자사** | 1863년, 나이팅게일의 뜻을 받들어 뒤낭이 창설한 국제적인 민간 조직. 전쟁 중에는 부상자 간호, 포로 송환, 평상 시에는 재해·질병의 구조와 예방을 목표로 함.

"선생님, 그런 거라면 아예 기문이를 불러서 말씀하지 그러셨어요? 기문이 영어 실력을 따라갈 사람 여기 아무도 없는걸요, 뭐."

"맞아요, 정말 기문이 영어 실력은 최고예요."

아이들이 여기저기서 떠들어 댔다. 선생님도 듣기 싫지는 않은지 빙긋 웃으며 다시 말을 이었다.

"하긴 그렇지. 우리 반, 아니 우리 학교에서 영어를 제일 잘하는 학생은 기문이지? 더구나 기문이는 지금까지 적십자 봉사단에서 활동하기도 했고 말이야. 그러니 반기문, 네가 우리 학교 대표로 영어 대회에 나가도록 한다. 열심히 해서 친구들 기대를 저버리지 말도록 해라. 더구나 이 대회에서 일 등을 하면 미국에 초청받아 갈 기회도 얻을 수 있단다. 그것도 미국에서 모든 비용을 다 대 준다니 정말 굉장하지?"

"와! 미국에 갈 수 있다고? 굉장하다!"

아이들은 교실이 떠나갈 듯 소리를 질렀다. 그만큼 반기문이 자라던 그 시절에는 사람들이 미국에 간다는 것이 매우 놀라울 뿐 아니라 신기한 일이기까지 했다.

"네, 선생님."

아이들 소리가 사그라진 다음에야 반기문이 공손히 대답했다. 그렇지만 마음속으로는 여간 걱정이 아니었다. 전국에서 학생들이 모인다는데 어떻게 공부를 해야 할지 마음이 어지러웠다. 충주에서야 해 볼 만하다지만, 전국에서 제일이 될 수 있을지는 정말 자신이 없었다.

반기문은 영어 대회 준비를 하기 전부터 마음이 어두웠다. 아무래도 안 될 것 같기도 했다. 하지만 한참 시간이 흐르자, 반기문 마음속에는 다른 생각이 싹텄다.

'그렇지만 뭐 다른 아이들도 다 마찬가지 아닐까? 결국 공부할 시간을 더 많이 내어 준비하고, 또 준비한 사람이 이길 거야.'

반기문은 곧 영어 대회 준비에 들어갔다.

반기문은 잠자는 시간을 줄여 영어 대회 연습을 했고, 노력에 노력을 거듭했다.

'서울 아이들은 대체 얼마나 영어를 잘할까?'

그런 궁금증이 생기자, 반기문은 더 열심히 해야겠다는 생각이 들었다. 그래야 서울 아이들과 겨루기에서 당당히 맞설 수 있을 것 같았다.

'아무것도 아는 게 없으니 정말 걱정이 태산이네. 아이고, 이렇게 떨려서야 어디 입이나 뗄 수 있을런지……'

드디어 대회 날이 되었다. 반기문은 떨리고 설레는 마음으로 선생님과 함께 서울로 갔다. 영어 대회 발표 주제는 '세계 평화와 세계 속

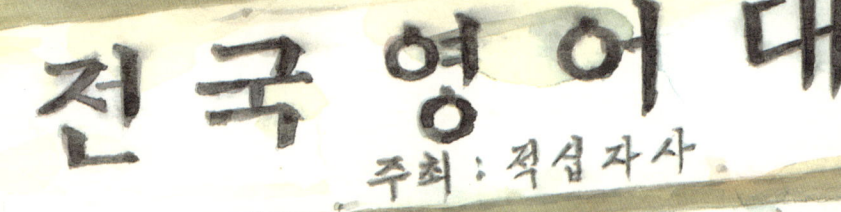

대한민국 *위상'이었다.

 하나 둘 참가자들이 나서서 발표를 시작했다. 참가자들이 발표한 내용은 하나같이 철저히 준비된 훌륭한 것들이었다.

 그렇지만 반기문이 준비한 것과 크게 다르지 않았고, 어떤 것은 반기문이 준비한 내용보다 못하다는 생각도 들었다. 그제야 반기문 입가에 빙그레 웃음이 살아났다. 자신이 있었다. 일 등은 몰라도 입상 정도는 할 수 있을 것 같았다.

 드디어 반기문 차례가 되었다. 반기문은 그동안 노력하고 준비했던 모든 힘을 다해서 발표했다. 그냥 발표만 한 것이 아니라 먼저 한 학생들이 발표한 것에 자기 생각까지 덧붙여 말하기까지 했다. 그만큼 자신감이 생겼던 것이다.

 반기문은 밝은 표정으로 집으로 돌아왔다. 주위 사람들은 모두 반기문이 일 등할 것이라고 굳게 믿었다.

 반기문 친구들이나 주위 사람들은 저마다 미국이 어디쯤 있는지, 또 어떤 나라인지를 떠들어 대며 마치 자기들이 미국에 가기라도 하는 것처럼 들떠 있었다.

---

* **위상** | 사람이나 사물이 다른 사람이나 사물과 관계 속에서 갖게 되는 위치나 상태.

그런데 아무리 기다려도 수상 소식이 날아오지 않았다.

"이거 아무래도 이상한걸? 내가 서울에 한 번 가 봐야겠다."

기다리다 못해 교장 선생님이 직접 서울로 가서 대회 담당자에게 수상자가 누구인지를 물었다. 그런데 뜻밖에도 담당자는 반기문이 수상하지 못하고 떨어졌다는 것이었다.

"아니, 기문이가 떨어졌다고요? 그럴 리가?"

교장 선생님은 심사 결과를 보여 달라고 요구했다. 반기문이 떨어졌다는 사실을 받아들일 수 없었기 때문이다. 그런데 심사 결과표에는 반기문이 일 등으로 표시돼 있었다.

"이게 어떻게 된 일입니까? 일 등인 아이를 왜 떨어뜨린 것이지요?"

"사실은……."

이유를 알고 보니 너무 어처구니없는 것이었다. 반기문 얼굴에 있는 점이 한국 대표 이미지에 안 좋게 보일까 봐 반기문을 뺐다는 것이다.

"이건 말도 안 되는 얘기요. 대회 참가 조건 어디에도 점 때문에 상을 받을 수 없다는 말은 없었어요."

교장 선생님은 참을 수가 없어서 여러 담당 기관에 편지를 썼다. 또한 반기문을 가르쳤던 외국인 기술자 부인들과 선교사들에게도 미국 대사관에 반기문이 당한 억울함을 호소하는 편지를 보내 줄 것을 부탁했다.

그런 많은 사람들이 노력한 덕분에 반기문은 다시 일 등으로 인정되어 미국으로 가는 여행길에 오를 수 있게 되었다.

가정 형편이 어려워 미국은커녕 서울 한 번 가는 것도 어려운 많은 아이들은, 반기문이 미국으로 초청받아 가는 모습을 보면서 새로운 꿈을 갖게 되었다.

아무리 어렵고 힘들어도 꿈을 갖고, 그것을 이루기 위해 노력하면 이룰 수 있다는 것이었다.

반기문이 미국으로 떠나기 며칠 전이었다. 한 여학생이 반기문을 찾아왔다. 충주여고 학생 회장인 유순택이라는 여학생이었다.

"우리 학교에서 네가 만나게 될 미국 사람들과 또 전 세계 친구들에게 줄 만한 기념품으로 복주머니를 만들었어."

유순택이 복주머니가 든 꾸러미를 내밀었다.

"고마워. 정말 좋은 선물이 될 거야."

반기문은 복주머니를 기쁜 마음으로 받았다.

유순택이 살짝 웃었다. 웃는 모습이 보기 좋았다.

반기문은 한국 대표로 뽑힌 나머지 학생 세 명과 1962년 7월 31일부터 8월 30일까지 한 달 예정으로 미국 여행길에 올랐다.

미국 적십자사에서 마련한 이번 청소년 적십자 국제 견학 계획 및 연구 대회 프로그램은, 전 세계 마흔세 나라에서 온 백십칠 명 대표들이 미국 가정에서 머물면서 미국 청소년 봉사 활동에 참가하고, 예술제와 문화 탐방 등을 하는 것으로 짜여져 있었다.

이 행사를 치르는 가장 큰 목적은, 전 세계 각 나라에서 모여든 젊은 인재들에게 자기가 다음 세대를 이끌어 갈 지도자라는 마음을 심어 주기 위한 것이었다. 그래서 그 당시 미국 대통령인 케네디 대통령도 큰 관심을 가졌다.

우리나라에서는 여학생 둘, 남학생 둘이 뽑혀서 가게 되었고, 그중 한 명이 반기문이었다.

세계 각 나라에서 모여든 학생들이 처음 디딘 미국 땅은 샌프란시스코였다. 삼 일간 샌프란시스코에 머문 학생들은 열한 개 모임으로 나뉘어 드넓은 미국 곳곳을 여행하며 우정을 쌓아 갔다.

반기문은 캐나다 · 터키 · 칠레 등 열 개 나라 학생들과 어울려 한

팀이 되었다. 세계 각 나라에서 모여든 학생들은 처음에는 서먹서먹했지만 금세 친해져서 한데 어우러졌다.

그들은 함께 웃고 떠들며 새로운 문화를 만났다. 자기 나라 문화를 나누었으며, 다른 사람들과 만남을 즐겼다.

언제나 공부밖에 모르던 반기문에게는 그런 새로운 환경이 매우 놀랍고 충격적이었다. 그런데 다른 나라 학생들이 한국에 대해 너무 많이 모르고 있었다. 고작 안다는 것이 전쟁이 일어나 유엔 도움을 받은 나라라는 것 정도였다.

반기문은 미국에서 머무는 내내 미국 사람들과 세계 각 나라 학생들에게 한국이 어떤 나라인지를 얘기해 주었다. 한국 역사와 문화를 알려 주려고 노력했고, 전쟁 이후에 어떻게 새로운 나라로 일어서고 있는지를 얘기해 주었다.

반기문이 머무른 곳은 로버트 패터슨이라는 중학교 교장 선생님 집이었다. 패터슨 교장 선생님과 가족들은 반기문에게 매우 친절했고, 유쾌했다.

그런 미국 가정 모습은 반기문에게 아주 좋은 인상을 주었다. 한국으로 돌아온 뒤에도 반기문은 패터슨 교장 선생님과 오래도록 서로 편지로 소식을 주고받는 사이가 되었다.

나중에 반기문이 외교통상부 장관이 되었을 때, 반기문은 패터슨 부인을 한국에 초청했다.

"그래요. 비록 가난한 나라에서 온 비쩍 마른 학생이었지만, 반기문은 정말 훌륭하게 자랄 학생으로 보였어요. 그런데 정말 이렇게 높은 자리에 올라 나를 초대해 주다니 고마운 일이에요."

휠체어에 앉은 채 한국을 방문한 패터슨 부인은, 그 시절 반기문을 이렇게 말하며 감격스러운 눈물을 흘렸다.

모든 여행이 거의 끝나 갈 무렵, 세계 청소년들은 미국 대통령이 살고 있는 백악관을 방문했다. 그곳에서는 케네디 대통령이 그들을 기다리고 있었다.

"여러분이 미국에 온 것을 환영합니다. 이 짧은 여행을 통해 적십자 정신을 배우고, 여러분 나라로 돌아가서 그 정신을 실천할 수 있기를 바랍니다. 또 전 세계 모든 사람들 발전을 위해 미래 지도자가 될 여러분들이 먼저 노력하기를 바랍니다. 그리고 나는 그런 여러분을 만나서 매우 기쁩니다."

인사말을 마친 케네디 대통령은 몇몇 학생들과 악수를 나누었다. 그러다가 키가 삘쭉하게 큰 남학생이 뒷자리에 서 있는 것을 보고 물었다. 그 남학생은 바로 반기문이었다.

"학생은 꿈이 뭐지요?"

"저는 외교관이 되는 것이 꿈입니다."

반기문 대답에 케네디 대통령은 빙긋 웃으며, 그 꿈이 꼭 이루어지기를 바란다고 말했다.

반기문은 케네디 대통령에게 막상 외교관이 되고 싶다는 꿈을 말해 놓고 나니, 그동안 자기가 얼마나 외교관에 마음을 두고 있었는지를

새삼 깨달을 수 있었다.

　또 한 달 동안 외국인들에게 우리나라에 대해 알리는 일이 가슴 뿌듯했다. 자기 나라를 다른 나라 사람들에게 알리는 것이 얼마나 중요한가를 깊이 깨달았기 때문에 외교관이라는 직업이 더욱 매력적으로 다가왔다.

　짧다면 짧고 길다면 긴 미국 여행 뒤, 반기문은 더 열심히 공부해서

대학에 들어가 외교관이 되기 위한 공부를 해야겠다고 마음먹었다.

여행에서 돌아온 반기문은 적십자사 *회보에 미국 여행기를 썼다.

7월 30일 오후 3시 45분, 김포 국제 공항을 경기고 곽영훈 군, 경기여고 정영애 양, 경남여고 신은주 양과 함께 떠났다. 생각하면 곧 하늘의 별이라도 따고 말 기분이었지만, 한편 내 자신이 앞으로 어떻게 처신해야 하는가에 대해 조심스러웠던 것도 사실이었다.

내 가족은 로버트 패터슨이라는 중학교 교장 선생님이었다. 맨 처음에는 말을 알아듣기가 힘들어서 좀 난처했다. 더구나 습관이 젖어 있지 않기 때문에 '고맙다'는 인사를 한다든가 '미안하다'라는 말도 여간해 나오지 않았다. 남의 어깨를 치고서도 먼저 상대방으로부터 그런 말을 듣고 난 뒤에야 '미안하다'라는 말도 나왔다. 미국 가정 생활에 관해 말해 보려 한다. 제일 좋았던 것은 그 사람들은 항상 명랑한 생활을 한다는 것이다.

미국 사람 및 그 외 대표들의 한국 인식 부족에는 놀라지 아니할 수 없을 지경이었다. 사전이 있느냐, 대학이 하나라도 있느냐, 또는 남녀 데

---

* **회보** | 회원들 소식을 담은 잡지나 신문.

이트를 하느냐 같은 질문은 기가 막힐 지경이었다.

반기문이 쓴 이 여행기에는 우리나라 사람들과 전혀 다른 미국 사람들 생활 방식에 대한 이야기뿐 아니라, 우리나라를 세계 사람들이 잘 알지 못하는 것에 대한 안타까운 마음이 가득했다.

무사히 미국 여행을 마치고 돌아온 반기문은 어느새 고등학교를 마치고 대학생이 되었다. 반기문이 꿈꾸던 대로 서울대학교 외교학과에 입학한 것이다. 외교관이 되려면 *외무 고시를 보아야 했는데 그러자면 외교학과 공부가 큰 도움이 되었다.

대학 생활은 결코 쉽지 않았다. 역시 서울은 똑똑한 학생들도 많았고, 더욱 열심히 공부하지 않으면 안 되었다. 게다가 가난한 형편이었기 때문에 스스로 돈을 벌어 학비를 마련하는 것이 큰 문제였다.

이런 사정을 안 한 선배가 반기문에게 가정교사 일자리를 소개해 주었다. 형편이 넉넉한 학생 집에 들어가 살면서 그 학생을 가르치고 대가를 받는 것이었다.

반기문은 가르치는 학생들에게 인기 있는 선생님이었다. 공부를 무

---

* **외무 고시** | 외교관을 뽑기 위해 국가에서 치르는 시험.

조건 가르치기보다는 쉽고 재미있게 할 수 있도록 북돋워 주고, 격려해 주었기 때문이다. 가정교사로 일하는 것은 자기 공부를 할 시간을 많이 빼앗겨 힘들기는 했지만, 가난한 부모님에게 도움을 청할 수 없었던 반기문에게는 고마운 일이었다.

그런데 어이없는 소식이 들려왔다. 그것은 당분간 외교관을 뽑을 일이 없을 것이라는 소식이었다.

"아니, 왜 외교관을 뽑지 않는다는 거야?"

"대통령이 군인들을 외교관으로 뽑았기 때문이래. 그래서 아예 외교관 시험을 없애 버린다는군."

외교관이 되기 위해서 대학에 간 반기문에게는 정말 실망스러운 소식이었다. 다른 친구들도 마찬가지였다. 그렇지만 반기문은 공부를 게을리 하지 않았다.

"이봐, 공부는 해서 뭐 해? 외교관 시험을 볼 수도 없게 되었는데 말이야."

친구들이 한숨을 쉬며 말할 때마다 반기문은 한결같이 이렇게 대답했다.

"세상일은 모르는 것이 아닌가? 어쩔 수 없게 되었더라도 내게 주어진 공부는 끝까지 열심히 해야 한다고 생각해."

그렇지만 친구들은 그런 반기문을 바보 같다거나 공부 벌레라고 비웃지 않았다. 반기문은 공부를 열심히 하면서도 친구들과 함께 해야 할 일은 모두 참여해서 열심히 했기 때문이다.

그러나 외교관 시험을 다시 본다는 소식은 들려오지 않았다. 반기문은 결국 군대를 다녀오기로 했다. 군대를 다녀오면 형편이 좀 나아질 것을 기대했던 것이다.

반기문 생각이 들어맞았다. 군대를 제대하고 학교로 돌아오자, 드디어 외무 고시를 다시 실시한다는 소식이 반기문을 기다리고 있었다.

당연한 일이라는 듯 반기문은 대학을 졸업하고, 곧바로 외무 고시를 보았다.

"기문이처럼 열심히 노력하는 사람이 뽑히지 않으면 대체 누가 뽑히겠어?"

"암, 두말하면 잔소리지."

반기문을 아는 주위 사람들은 모두 반기문이 합격하리라는 것을 의심하지 않았다.

드디어 외무 고시 합격자 발표 날이었다.

'반기문'이라는 이름이 이 등이라는 글씨 옆에 씌어 있었다. 시험을 치른 수천 명 중에 겨우 열한 명을 뽑는 외무 고시에서 반기문이 이 등을 한 것이다.

"아니, 지금껏 한 번도 일 등을 놓친 적이 없는 기문이가 이 등을 했다고?"

주위에서는 늘 일 등을 도맡아 하던 기문이 이 등으로 외무 고시에 붙었다는 말에 놀라워했다.

그러자 반기문이 말했다.

"이 등도 괜찮아요. 알고 보니 일 등이든 십일 등이든 합격한 열한 명 사람들 점수가 모두 비슷비슷하던걸요. 외교관이란 직업이 얼마나 열심히 공부해야 되는지를 알 것 같아요. 그리고 처음에 합격했을 때 등수보다 시험에 합격한 뒤 받게 되는 *연수에서 시험 성적이 더 중요하대요. 그 성적이 자기가 원하는 나라를 지원할 수 있는 자격을 준다고 하니까요."

"그렇지만 기문이 너야 뭐 잘할걸."

"그렇지 않아요. 열심히 해야 할 거예요. 다들 잘하니까요."

반기문이 담담하게 말했다.

반기문은 연수를 받을 때 매우 어렵고 힘든 일이 많았다. 그렇지만 반기문은 어떤 일이든 앞장서서 일했다. 또 공부도 결코 뒤지지 않으려고 노력했다. 그 결과, 반기문은 연수를 마칠 무렵 전체에서 일 등이라는 성적을 얻을 수 있었다.

---

* **연수** | 학문 따위를 연구하고 닦음.

시크릿 포인트
Secret Point 4

좋은 기회를 얻으려면 미리 준비하라

혹시 여러분은 아침마다 준비물을 빼먹고 허둥거리다가 문구점으로 달려가거나 엄마에게 짜증을 부리지는 않나요? 아니면 시험 치기 하루 전날 벼락치기 공부를 한다고 밤을 새우지는 않나요? 그런 친구들이 있다면 빨리 그 버릇을 고치려고 노력하는 게 좋을 거예요. 기회는 준비한 사람에게 찾아온다는 말이 있어요. 그것은 늘 준비하고 있는 사람이 좋은 기회를 얻고, 그것을 자기 것으로 만들 수 있다는 말이에요.

어느 날 영어 대회가 열린다는 안내문을 보게 되었다고 생각해 보아요. 게다가 상으로 미국 여행이 주어진다는군요. 와, 그런 굉장한 일이 생기다니! 입이 함지박만 해질 거예요. 그러나 영어 대회에 나갈 만큼 자신 없는 친구들은 곧 벌린 입을 다물고 시무룩해질 수밖에 없지요. 아무리 멋진 상이 걸려 있어

도 그림의 떡일 뿐이니까요.

그렇지만 미리 준비되어 있던 친구라면 당장 영어 대회에 접수하러 달려가겠지요. 어떤가요? 미리 준비되어 있다는 것이 얼마나 큰 도움이 되는지 알 것 같지요?

만약 반기문이 외무 고시가 없어졌다는 말을 듣고, 실망해서 아무런 준비를 하지 않았던 다른 친구들처럼 행동했다고 생각해 보아요. 그렇다면 군대를 제대한 뒤 외무 고시가 생겼다는 말을 들었을 때 마냥 기뻐할 수는 없었을 거예요. 미리 준비하고 있었기 때문에 반기문은 다른 친구들보다 더 먼저 외무 고시에 합격할 수 있었어요.

5 노신영 총영사와 만남

"네. 열심히 일하겠습니다, 총영사님."
반기문이 느낀 대로 노신영 총영사는 매우 훌륭한 분이었다. 노신영 총영사는 그 뒤로 오랫동안 반기문을 이끌어 주고 충고해 주었으며, 믿어 주는 스승 같은 존재가 되었다.

"이봐, 이번에 누가 미국으로 갈까?"

"글쎄……. 아마 반기문 씨가 아닐까? 반기문 씨가 이번 연수 시험에서 일 등을 했다면서?"

"그래, 그렇겠지? 연수 성적이 일 등인 사람은 자기가 원하는 곳으로 갈 자격이 있으니까 말이야."

외무 고시에 합격해 반기문과 함께 연수를 받은 동료들이 얘기를 주고받고 있었다.

사람들은 모두 반기문이 일 등을 했으니, 모두가 원하는 미국 대사관으로 가게 될 것이 분명하다는 얘기를 하고 있었다.

미국 대사관은 모든 외교관이 가기를 원하는 곳이었다. 미국은 세계 으뜸 국가로서 세계 여러 나라 정보를 얻을 수가 있고, 생활 환경도 아주 좋았다.

하지만 반기문은 고민이 많았다. 미국으로 가기에는 부담스러운 일들이 많았던 것이다.

반기문은 아내에게 고민을 털어놓기로 했다. 반기문 아내는 고등학교 때 충주여고 대표로 복주머니를 건네주었던 유순택이었다. 복주머니를 준 고마움을 표하느라 미국에 다녀온 뒤 몇 차례 만나는 동안, 반기문은 유순택을 좋아하게 되었다. 그리고 두 사람은 서울에서 같이 대학을 다녔다.

유순택은 반기문처럼 아주 조용하고 부드러운 여자였다. 반기문이 무슨 말을 하든지 그 말에 귀 기울여 주었고, 어려운 일이 있을 때에는 마음 가득 담긴 충고를 해 주었다. 그런 유순택을 반기문이 사랑하게 된 것은 너무나 당연한 일이었다.

"여보, 이번에 연수가 끝나면 어느 나라를 지원하는 게 좋을지 모르겠소."

"왜 그러세요? 대부분 성적이 좋은 사람이 미국 대사관으로 간다고 들었어요. 당신이 최고이니 미국으로 가면 되지 않겠어요?"

아내가 당연한 일을 왜 묻느냐며 눈을 동그랗게 떴다.

"당신도 알다시피 우리 집안은 아주 가난해요. 아직도 우리 부모님은 남의 집을 빌려서 살고 계시고 말이오. 나는 미국으로 가기보다는 좀 못 사는 나라로 가고 싶소."

"왜지요?"

"그런 가난한 나라는 생활비가 적게 들 테니 그 돈을 모아 부모님께 조그만 집이라도 마련해 드렸으면 해서 말이오."

"아아, 그랬군요."

아내는 그제야 이해하겠다는 듯 천천히 고개를 끄덕였다. 그러고는 웃으며 말했다.

"그렇다면 왜 고민하세요? 당신이 원하는 나라를 찾아 그 나라를 지원하면 되지요."

"정말 그래도 괜찮겠소?"

"그럼요. 미국은 다음에 형편이 넉넉해졌을 때 지원하면 되잖아요. 그러니 걱정 말고 원하는 나라를 찾아보세요."

반기문은 아내 말에 힘을 얻었다. 그래서 미국이 아닌 인도 대사관으로 가기를 지원했다. 우리나라도 못 사는 나라였지만, 그 당시 인도 역시 매우 가난하고 형편이 좋지 않은 나라였다.

반기문이 인도를 지원한 것을 보고, 많은 외교부 사람들이 놀랐다.

"여보게, 반기문 *사무관. 어째서 미국이나 일본·프랑스·독일·영국 같은 나라들을 빼놓고, 자네는 그렇게 가난한 나라 인도를 가기로 정했는가? 뭔가 잘못 알고 결정한 것은 아닌가?"

같은 외교부 상관이 반기문을 불러 물었다. 반기문은 이미 생활비가 적게 드는 인도로 가기로 지원해 놓고 있는 상태였다.

"혹시 무슨 문제라도 있는가?"

반기문이 고개를 저었다.

"아닙니다. 다른 문제가 있어서 인도를 지원한 것이 아닙니다. 그저 인도처럼 조금 어렵고 힘든 곳에서 첫 외교관 생활을 하고 싶었을 뿐입니다."

그 얼마 뒤, 반기문은 아내와 함께 짐을 꾸려서 인도로 향하는 비행기에 몸을 실었다.

'인도는 비록 지금은 가난하지만, 땅도 넓고 사람도 많으며 오랜 역사와 문화를 가진 훌륭한 나라야. 그곳에서 우리나라를 위한 외교관으로서 첫걸음을 시작하는 것은 어쩌면 아주 뜻있는 일이 될 거야. 어떤 일을 하게 되든지 최선을 다하자.'

---

* **사무관** | 행정 일반 업무를 담당하는 일반직 공무원 벼슬 이름. 서기관 아래로 오 급임.

후진국인 인도로 향하면서 반기문은 마음속으로 그렇게 희망과 결심을 다지고 있었다.

인도는 아직 우리나라와 정식 *수교가 되지 않아 대사관이 아닌 총영사관이 있는 곳이었다. 수도 뉴델리 총영사관에는 노신영 총영사가 대표로 일하고 있었는데, 노신영 총영사는 능력이 뛰어난 외교관 중 한 사람이었다.

"안녕하십니까, 총영사님. 반기문이라고 합니다."

"어서 오게. 자네처럼 실력이 뛰어난 사람이 이곳으로 온다는 소식에 매우 기뻤다네."

노신영 총영사는 반기문을 반가이 맞아 주었다. 반기문은 노신영 총영사를 보는 순간, 그가 인품이 매우 훌륭한 사람이라는 것을 느낄 수 있었다. 그런 분이라면 믿고 지시하는 대로 열심히 일할 수 있을 것 같았다.

"저는 사실 집이 매우 가난합니다. 그래서 이곳 인도에 와서 생활비를 절약해 부모님께 도움을 드리고 싶었습니다."

반기문은 자기가 인도로 오게 된 사정을 사실대로 말했다. 처음 만

---

* **수교** | 나라와 나라 사이에 교제를 맺는 것.

나는 반기문이 어려운 자기 형편을 솔직하게 이야기하자, 노신영 총영사도 반기문이 마음에 들었다.

"허허, 나도 자네랑 비슷한 경우라네. 나는 북에서 피난 온 가난한 사람이었어. 그래서 어렵게 대학을 다녔지. 그렇지만 대학 때 난 수석이었고, 군대에 있으면서 고등 고시를 보아 합격했지. 어떤가? 이만하면 나도 자네 못지않게 노력한 셈이지 않은가? 우리 앞으로 잘

해 보세!"

"네. 열심히 일하겠습니다, 총영사님."

반기문이 느낀 대로 노신영 총영사는 매우 훌륭한 분이었다. 노신영 총영사는 그 뒤로 오랫동안 반기문을 이끌어 주고 충고해 주었으며, 믿어 주는 스승 같은 존재가 되었다.

하지만 그런 노신영 총영사 믿음이 거저 생긴 것은 아니었다. 반기

문은 날씨도 덥고 모든 문화가 다른 인도에서도, 우리나라에서 공부하고 일하던 때와 같이 늘 열심히 맡은 일에 최선을 다했다.

반기문의 뛰어난 영어 실력과 성실한 모습은 사람들에게 신뢰를 주기에 부족함이 없었다. 그런 반기문을 노신영 총영사는 기특하게 여겼고, 자기가 알고 있는 것을 가르쳐 주는 데 아낌이 없었다.

"외교관은 나라와 나라 사이 일을 맡는 사람이지만, 모든 일은 사람과 사람 관계로 이루어지는 거라네. 그렇기 때문에 사람과 관계를 자네도 아주 중요하게 여겨야 하네. 특히 전화를 받거나, 편지를 주고받을 때 예의를 다해서 정성껏 하도록 하게."

"전화와 편지를 정성껏 하라고요?"

"그래. 전화란 다른 사람 마음 문을 두드리는 것과 같아. 눈에 보이지 않는다고 함부로 받다가는 그 사람 마음을 다치게 할 수 있다네. 또 편지도 마찬가지야. 어떤 편지든지 아직 답장을 보내지 않은 편지는 절대로 책상 위에서 치우면 안 된다네. 그게 상대방에 대한 예의지."

노신영 총영사는 웃으며 덧붙였다.

"나는 다른 사람들이 보낸 편지들 중에 직접 *서명이 안 돼 있는 것들은 아예 읽지도 않고, 휴지통으로 던진다네. 그 사람 마음이 담기지 않은 형식적인 것이 분명할 테니까 말이야."

"네, 잘 알겠습니다."

"무엇보다도 해야 할 가장 기본적인 것들을 충실히 하다 보면 나중에 좋은 결과가 된다는 것을 알 수 있을 거야."

반기문은 노신영 총영사가 가르쳐 준 것들을 잊지 않았다. 가르침을 받은 뒤로는 다른 사람들에게 편지를 쓸 때마다 일일이 자기가 직접 서명한 편지를 보냈다.

수많은 사람들에게 공적인 일로 편지를 보내거나, 답장을 해야 하는 외교관 입장에서 그것은 결코 쉬운 일이 아니었다. 하지만 반기문은 편지에 직접 서명하여 보내는 것을 꼭 지켰고, 그것은 더 수많은 사람들에게 보내야 하는 연하장이나 크리스마스 카드에도 마찬가지였다.

사람들은 반기문이 모든 편지나 카드에 직접 서명하는 것 하나만 보고도 그가 성실하고 따뜻한 마음씨를 가졌다는 것을 알게 되었다.

노신영 총영사는 기회 있을 때마다 반기문을 데리고 아프가니스탄이나 방글라데시, 인도 대사관 들을 다니며 많은 경험을 쌓게 해 주었고 가르침을 주었다. 그것은 총영사같이 높은 자리에 있는 사람으로서

---

* **서명** | 자기의 이름을 써넣음.

는 좀처럼 하기 어려운 친절이자 배려였다.

반기문은 노신영 총영사를 통해 어떻게 아랫사람을 대하는 것이 옳은지, 또 수많은 사람들과 어울리기 위해서는 어떻게 행동해야 하는지를 배울 수 있었다.

그렇게 열심히 일한 덕분에 반기문은 승진에 승진을 거듭했다. 1976년에는 *서기관이 되었으며, 1978년에는 주 유엔 대표부 일 등 서기관으로 임명받게 되었다.

이렇게 승진이 빨랐던 것은 반기문이 어떤 일이든지 성심껏 노력하는 사람이기 때문이기도 했지만, 다른 어떤 사람 앞에서도 잘난 척하거나 으스대지 않은 겸손함 때문이었다.

어느 누구도 반기문을 헐뜯을 게 없을 만큼 그는 모든 일을 열심히 잘 처리하려고 노력했다. 어떤 사람들은 그런 반기문에게 윗사람들에게 잘 보이려고만 하는 얍삽한 사람이라고 흉을 보았다. 그렇지만 반기문은 그런 말들에 일일이 대꾸하지 않았고, 대부분 사람들은 반기문 진심을 알아주었다.

외교관으로서 일은 결코 쉬운 게 없었다. 어느 나라에 가 있든지 우

---

* 서기관 | 국가 공무원 직급 중 하나로, 사 급임.

리나라와 연락하려면, 잠자지 않고 기다리기가 일쑤였다. 또 어떤 명령이 정부에서 날아올지 몰라 항상 긴장하고 있어야 하는 매우 고달픈 직업이기도 했다.

그렇지만 그런 어려움들이 반기문이 하고자 하는 공부 욕심을 없애지는 못했다. 반기문은 유엔에 외교관 신분으로 있으면서 영어뿐 아니라 프랑스 어도 배워야겠다고 생각했다. 프랑스는 세계 문화 중심국으로 프랑스 어에 대한 자부심이 아주 강했다. 게다가 예전에 프랑스로부터 식민 지배를 받아 그 영향으로 프랑스 어를 사용하는 외교관들이 아주 많았다. 그들과 가까워지기 위해서라도 프랑스 어를 공부해야겠다고 마음먹은 것이다.

그런데 프랑스 어를 공부할 시간이 나지 않았다. 반기문은 하는 수 없이 점심 먹는 시간을 줄여 프랑스 어를 공부해야만 했다. 게다가 프랑스 어는 발음도 문법도 모두 굉장히 어려웠다.

"어유, 도대체 프랑스 어 실력이 늘지를 않는군. 프랑스 어가 이렇게 어려운지 몰랐어. 그래도 포기하지 않고 끝까지 하다 보면 뭔가 결과가 있겠지."

점심시간까지 아껴 가며 프랑스 어를 공부한 반기문은 마침내 프랑스 어 최상급 자격증을 땄다.

그뿐이 아니었다. 반기문은 좀 더 많은 것을 공부하고 싶은 마음에 외교관 신분을 잠시 접고, 하버드 대학교 행정 대학원인 케네디 스쿨에서 공부하게 되었다.

대학원 공부를 한다는 것은 결코 쉬운 일이 아니었다. 반기문은 가족들이 걱정하는 것도 아랑곳하지 않고, 밤잠을 줄여 가며 공부했다. 그렇지만 평소 하고 싶었던 공부를 마음껏 할 수 있는 하버드에서 생활은 반기문에게 또 다른 행복이었다.

그런 어느 날, 한국으로부터 전화 한 통이 걸려 왔다. 잘 알고 지내던 후배 서기관이었다.

"새로 국무총리에 임명되신 노신영 총리께서 선배님을 *의전 비서관으로 임명하신답니다. 빨리 한국으로 와 주십시오."

"의전 비서관이라고? 그 자리는 나 같은 삼 급 서기관이 맡을 일이 아닌데……."

의전 비서관은 일 급 서기관 신분이나 되어야 할 수 있는 아주 높은 자리였다. 감히 반기문 같은 낮은 직급 서기관이 할 수 있는 자리가 아니었다. 그러나 노신영 국무총리는 반기문을 매우 높이 평가하고, 그

---

* 의전 비서관 | 의식을 맡아 담당하는 비서관.

를 믿었기 때문에 그런 높은 자리에 불러들였다.

평소 존경하고 스승처럼 따르던 노신영 국무총리 뜻을 거절할 수가 없어 반기문은 서울로 향했다.

"반기문 비서관, 앞으로 잘 부탁하네."

노신영 국무총리는 반기문에게 손을 내밀었다.

"저는 아직 부족한 게 너무 많습니다. 제가 국무총리님 기대에 어긋나지 않게 잘할 수 있을지 모르겠습니다."

"하하, 난 자네를 믿네. 자네는 영어를 잘할 뿐 아니라 모든 일에 신중하고 또 빠르지. 올바른 판단을 하는 지혜도 갖고 있고 말일세. 자네처럼 항상 성실하게 일하는 사람이 내게는 꼭 필요했다네. 우리 열심히 잘해 보세."

국무총리 웃음소리가 국무총리실을 잔잔히 채우고 있었다.

시크릿 포인트 5
Secret Point

정신적 스승인 ★멘토를 찾아라

멘토라는 말이 무슨 뜻인지 알고 있나요? 멘토는 정신적인 스승과 같은 존재라고 할 수 있어요. 원래 멘토라는 말은 그리스 시인 호메로스가 쓴 『오디세이』라는 작품에 나오는 사람 이름이에요.

반기문에게도 멘토 역할을 한 사람이 있었어요. 그것은 바로 반기문이 처음으로 외교관이 되어 인도로 갔을 때 만난 노신영 총영사였지요. 노신영 총영사는 가난하고 보잘것없지만 성실함과 뜨거운 열정으로 가득 찼던 반기문을 눈여겨보고, 외교관으로서 첫발을 디딘 반기문

을 인도해 주고 조언해 주었어요. 반기문은 어려운 일이 있을 때 노신영 총영사를 찾았고, 노신영 총영사는 때로는 자상하게, 때로는 따끔하게 충고를 해 주었지요.

이렇게 자기만의 멘토를 갖는 것은 아주 행복한 일이에요. 어렵고 힘들 때 길잡이 역할을 해 줄 수 있으니까요.

여러분 주위에는 어떤 사람들이 있나요? 어떤 사람을 멘토로 삼으면 좋을까요? 그 사람이 노신영 총영사처럼 높은 위치에 있지 않아도 괜찮아요. 내게 힘을 주고 용기를 북돋워 주며 바른 삶을 살도록 이끌어 주는 올바른 마음을 가진 사람이라면 누구든 돼요.

멘토는 멀리 있지 않아요. 학교 선생님이나 부모님, 이모나 고모, 또는 옆집 아저씨나 아주머니 모두 멘토가 될 수 있어요. 지금부터 여러분이 믿고 의지할 멘토를 찾아보아요.

6 국가를 위해 일하는 사람

마음 같아서는 당장 아버지 마지막 가시는 길을 보기 위해 달려가고 싶었지만, 한반도 비핵화 공동 선언은 전 세계 평화와도 매우 직접적으로 관련된 중요한 일이었기에 달려갈 수가 없었다. 반기문은 가슴으로 눈물을 삼키면서 회의장을 지켜야 했다.

반기문이 노신영 국무총리를 모시는 의전 비서관으로 일하기 시작한 지 어느덧 이 년이 지났다. 의전 비서관으로서 해야 하는 중요한 일 중 한 가지는 바로 국무총리 연설문을 작성하는 것이었다.

그러나 연설문을 써서 국무총리가 읽도록 하고 나면 다 끝났다고 생각하던 다른 비서관들과 달리, 반기문은 연설문을 작성하는 것으로 끝내는 법이 결코 없었다.

국무총리가 연설하는 동안 연설 내용을 다시 한 번 검토하고, 연설을 듣는 사람들 반응을 살폈다.

사람들 반응이 안 좋은 부분이라든지 어색한 부분은 다음 연설에서 고쳤다. 그러다 보니 국무총리가 연설할 때 실수하는 일이 한결 줄어들었다.

바로 그런 모습이야말로 국무총리가 다른 모든 비서관들에게도 요구하는 것이었다.

"반기문 비서관님, 축하합니다."

하루는 밖에 나갔던 후배 비서관이 들어오며 반기문에게 축하 인사를 건넸다.

"무슨 말이에요?"

"비서관님이 *이사관으로 승진했답니다."

"이사관이라고요?"

---

* **이사관** | 국가 공무원 직급 중 하나. 행정직에 속하는 직위로 이 급임.

반기문이 한 계단 높은 자리로 승진을 한 것이었다.

"그렇게 빨리 승진한 분은 드문데, 정말 축하드립니다."

그러나 축하를 받는 반기문 얼굴은 밝지 않았다.

"나만 이렇게 빨리 승진하면 다른 분들 실망감이 클 거예요. 나 때문에 다른 사람들이 상처받는 것을 원하지 않았는데……."

"초고속 승진을 하는 데는 비서관님이 그만큼 노력했기 때문인데, 왜 그렇게 걱정하세요?"

"열심히 일한 공을 칭찬받는 것은 분명 기쁜 일이에요. 하지만 다른 선배님들이나 동료들보다 내가 먼저 승진하는 것은 마음에 걸리는군요."

고민을 거듭하던 반기문은 국무총리를 찾아갔다.

"총리님, 아무래도 이번 승진은 너무 과하다는 생각이 듭니다. 저 말고도 승진할 차례를 기다리는 선배님들이 있다는 것을 알고 있습니다. 그분들을 먼저 승진시키는 게 맞지 않겠습니까?"

반기문 말에 국무총리가 대답했다.

"나는 오히려 자네에게 실망이군. 나는 자네를 개인적인 마음으로 승진시킨 것이 아니네. 자네가 다른 사람들 본보기가 되었기 때문에 그에 어울리는 승진을 시킨 것뿐이야. 그런데 자네는 오히려 개인적인 정에 얽매여 자기 자리를 사양하려 하다니. 겸손한 것도 좋지만, 오히려 자네가 승진하는 것을 보고 다른 많은 사람들이 자극을 받아 더욱 열심히 일할 거라는 생각은 안 해 보았나?"

반기문은 국무총리 꾸지람에 할 말을 잃고 자리를 물러났다. 며칠 뒤, 반기문은 결국 이사관으로 승진한다는 통보를 받았다.

그렇게 공식적인 발표가 난 지 일주일이 지났을 때, 반기문은 일일이 손으로 쓴 편지들을 백여 명이나 되는 외교부 선후배 직원들 책상마다 올려놓았다.

제가 먼저 승진해서 죄송합니다.

편지를 받은 외교부 직원들은 고개를 끄덕이며 중얼거렸다.
"그래, 반기문은 이런 사람이야. 자기가 먼저 승진한 게 미안하다고 편지를 일일이 보내는 사람도 정말 드물지. 그러니 그렇게 빠른 승진을 할밖에."

그렇게 고속 승진을 한 반기문은, 그 뒤 팔 년여를 장관 바로 아래 계급인 차관에 해당하는 직급을 맡으며 여러 가지 일들을 맡아 하게 되었다.

반기문에게는 재미난 별명이 있었다. 그것은 '반 주사'라는 것이었다. 주사는 시청이나 구청 등에서 여러 가지 일을 도맡아 하는 직급으로, 비서관에 비한다면 훨씬 아래 계급이었다.

반기문이 모든 일을 하는 데 있어서 아래 직원을 시키지 않고, 손수 처리하는 데서 붙은 별명이었다.

"이봐, 반 주사님 출근하셨어?"

"그럼, 벌써 출근해서 일하고 계시지."

"하하, 반 주사님은 어쩌면 그렇게 변함이 없으실까?"

"그러니까 반 주사님이시지. 안 그런가?"

"내가 반 주사님 하시는 것 절반만 따라 해도 아마 굉장히 인정받을 거야."

"누가 아니래나? 우리가 할 일까지 다 스스로 챙겨서 하시니, 이거 참 우리는 대체 무슨 일을 하라는 건지……."

"아니, 뭐야? 자네 불평하는 건가?"

"천만에. 반 주사님처럼 좋은 상사가 어디 또 있다고 그런 소리를 해? 부하 직원들 무시하지 않고 꼼꼼히 챙겨 주고, 이끌어 주는 분이 바로 반 주사님이신데……."

반기문 인기는 부하 직원들에게도 많았다. 반기문도 자기 별명이 반 주사라는 것을 익히 들어서 알고 있었다.

그러나 반기문은 기분 나빠하기는커녕 오히려 빙긋 웃으면서 이렇게 말하는 것이었다.

"그거 참 딱 마음에 드는 별명이군. 아무리 높은 자리에 있어도 처음 시작할 때 마음을 잊지 말고, 더욱 열심히 일하라는 말처럼 들리는걸."

반기문 말 속에는 진심이 어려 있었다. 그리고 부하 직원들도 그런 반기문 마음을 이해할 수 있었다.

이렇게 어떤 일이든 긍정적으로 받아들이는 반기문 모습은 어느 누구에게도 적을 만들지 않는 장점이 되어 주었다.

나라 안에서 일하던 반기문은 때로는 외교관으로서 임무를 맡아 우리나라 교포들을 위해 외국 영사관에서 일을 하기도 했다. 그럴 때에도 반기문 몸에 밴 한결같은 성실함은 빛이 났다.

반기문이 미국 총영사로 임명받았을 때였다.

사실 대부분 외교관들은 영사관에 발령을 받으면 그리 좋아하지 않았다. 다른 나라에 살고 있는 우리나라 교포들을 상대해서 일하는 것이 꽤나 피곤했고, 잘해도 썩 좋은 칭찬을 받지 못하는 자리였기 때문이다.

교포들은 남의 나라에서 사는 여러 가지 어려움들을 영사관에서 해결해 주기를 바랐지만, 영사관에서 그런 많은 문제들을 해결하기에는 어려움도 많았고 성가신 일도 많았다.

그러나 반기문은 영사 업무를 맡자마자 또 본래 가지고 있는 성품대로 일에 최선을 다했다.

교포들이 여는 모든 행사에 빠지지 않고 참석하여, 거기에서 들려오는 불만이나 교포로서 어려움들을 모아서 그 문제들을 해결해 주는 데 온 힘을 기울였다.

다른 외교관들은 영사 업무를 일 년 맡으면 다른 업무를 맡게 되는 것이 보통이었는데, 반기문은 삼 년 동안을 꼬박 영사 업무만 맡았다.

하지만 반기문은 자신이 맡은 일을 충실히 할 뿐 고되고 힘든 영사 업무를 왜 자기만 삼 년이나 시키느냐고 항의 한 번 하지 않았고, 아무런 불만도 터뜨리지 않았다.

그런 우직함이 반기문을 삼 년 뒤에 미주국장이라는 핵심 자리로 승진하게 해 주었다.

그것은 아무도 원하지 않은 자리에서 성실히 자기가 맡은 일에 책임을 다한 사람에게 돌아오는 상이었다.

미주국장은 우리나라와 미국 사이 외교를 담당하는 아주 중요한 자리였다.

더구나 반기문이 미주국장이 되었던 시기인 1990년대 초에는, 우리나라와 미국 사이에 '한미 주둔군 협정' 즉 소파(SOFA) *개정 문제가 걸려 있는 중요한 시기이기도 했다.

'한미 주둔군 협정'이란, 1966년에 우리나라 국방을 돕기 위해 6·25 전쟁 이후부터 죽 주둔해 있는 미군과 우리나라 사이에 맺은 협정으로, 우리나라에 와 있는 미군들 지위라든가 통제 등 많은 부분을 다루고 있었다.

그러나 이 '한미 주둔군 협정'은 사실 매우 불평등한 협정이었다. 한 예로, 미군 병사가 우리나라 사람을 죽여도 우리나라 법으로 그 미군을 재판할 수 없었다. 게다가 미군이 우리나라 법을 위반해도 벌금을 매길 수조차 없었다.

그래서 많은 사람들이 이런 협정은 고쳐야 한다고 문제 삼고 나섰다.

---

* **개정** | 문서 내용 따위를 고쳐 바르게 함.

반기문은 그런 불평등한 협정을 일 차와 이 차에 걸쳐 협상한 끝에, 우리나라에서 범죄를 저지른 미군은 우리나라 법으로 처벌하게 하는 등 여러 가지를 고친 새로운 '한미 주둔군 협정'을 이끌어 냈다.

이렇듯 자기가 하는 일에 철저했던 반기문이었기에 자기 자신에게도 역시 엄격했다.

반기문이 인도로 출장 갔을 때 일이다.

일하던 도중에 반기문은 그만 장티푸스라는 무서운 병에 걸리고 말았다.

장티푸스는 급성 전염병으로, 열이 아주 많이 나고 설사를 계속해서 하기 때문에 빨리 치료하지 않으면 쓰러지고 마는 무서운 병이었다.

반기문은 심하게 높은 열과 지독하게 쏟아지는 설사 때문에 제대로 서 있기조차 어려웠다.

그렇지만 반기문은 자기가 무서운 전염병인 장티푸스에 걸렸다는 것을 알면서도 병원에 가지 않았다. 심지어 자기가 맡은 일을 중지하지도 않았다.

부하 직원들이 제발 병원에 가서 치료받아야 한다고 사정했지만, 반기문은 귀 기울이지 않았다. 오직 자기가 맡은 일을 끝내야 한다는 것만을 생각했다.

그렇게 시간이 흐르고, 반기문은 기어이 자기가 맡은 업무를 다 끝내고 나서야 병원에 갔다.

그뿐만이 아니었다. 반기문이 미주국장으로 있을 때, 아버지가 돌아가셨다는 소식이 들려왔다. 너무나 갑작스럽게 닥친 교통 사고로 인한 죽음이었다.

그렇지만 반기문은 당장 아버지 시신 앞으로 달려가지 못했다. 그때 반기문은 북한 측과 남북 서로 간에 핵을 가지지 말자는 '한반도 비핵화 공동 선언'을 준비하고 있었다.

마음 같아서는 당장 아버지 마지막 가시는 길을 보기 위해 달려가고 싶었지만, 한반도 비핵화 공동 선언은 전 세계 평화와도 매우 직접적으로 관련된 중요한 일이었기에 달려갈 수가 없었다.

반기문은 가슴으로 눈물을 삼키면서 회의장을 지켜야 했다. 그리고 회담이 다 끝난 뒤에야 고향으로 달려가, 아버지 무덤 앞에 무릎을 꿇고 오열했다.

"아버지……."

그러나 반기문이 아무리 불러도 들리지 않게 아버지는 이미 무덤 깊이 묻힌 뒤였다.

"너희들 볼 면목이 없다. 맏이인 내가 아버지께서 마지막 가시는 길도 지켜 드리지 못했으니……. 무엇보다 아버지께 너무 죄송해서 내가 어떻게 해야 할지를 모르겠어."

반기문 말에 동생들이 오히려 위로해 주었다.

"형님, 형님이 나라를 위해 중요한 일을 하고 있다는 것을 아버지도 잘 알고 계셨어요. 그러니 아버지도 형님이 오지 못한 것을 이해하실 거예요. 오히려 형님이 앞으로 나랏일에 더 열심이기를 아버지는 바라고 계실 테지요. 그러니 너무 *자책하지 마세요."

그 얼마 뒤, 반기문에게 아버지를 죽음으로 몬 뺑소니 범인이 잡혔다는 소식이 전해져 왔다. 그러나 반기문은 그 뺑소니 범인이 처벌받기를 원하지 않았다.

"아버지는 이미 돌아가셨어요. 그를 벌준다고 돌아가신 아버지가 살아 돌아오시지는 않을 겁니다. 그리고 돌아가신 아버지께서도 그 사람 벌주는 것을 원하지 않으실 거라고 생각합니다."

반기문은 평소에 항상 어려운 사람을 돕고, 남 처지를 생각해 주라던 아버지를 떠올리며 그렇게 말했다. 그것은 어디에서나 좀처럼 보기 어려운 용서의 한 장면이었다.

---

* **자책** | 스스로 자기를 책망하는 것.

그러나 외교부 직원 누구도 반기문 아버지가 반기문이 일하는 도중에 돌아가셨고, 반기문이 장례식조차도 참석하지 못했다는 사실을 알지 못했다.

반기문이 인도에서 근무를 마치고 돌아와 도심 끄트머리 작은 집에 살고 있을 때 일이다.

고등학교 때부터 친구였으며, 나중에는 대학 교수가 된 친구 안영수가 반기문 집에 놀러 왔다.

"어머, 어떻게 된 거야? 외국에 가서 살다 온 사람들 집에 어째서 외국 물건이 하나도 없어? 신기하네!"

안영수 말에 반기문 아내가 대답했다.

"아유, 말도 마. 그랬다가는 남편에게 크게 혼나는걸."

"정말 지독한 사람이군. 외국에서 살다 왔으면 그 나라 물건 몇 개 정도는 가져올 수 있잖아."

안영수는 그렇게 말했지만, 마음속으로는 역시 반기문답다는 생각을 했다.

하루는 반기문 동생이 반기문 집에 찾아온 적이 있었다. 그때 반기문은 무엇인가를 열심히 계산하고 있었다.

"형님, 뭘 그렇게 열심히 계산하고 있어요?"

"아, 너로구나. 이번에 인도 국회의장 부부가 한국에 다니러 왔다 갔는데, 그 비용 계산이 잘 안 맞네."

"얼마나 크게 차이가 나는데요?"

"아니, 많은 건 아니고……. 몇백 원 정도가 안 맞아. 대체 어디다 이 몇백 원을 쓴 거지?"

"뭐라고요? 몇백 원 정도가 안 맞는다고요? 아니 형님, 몇백 원이면 아이들 과자 값 정도밖에 안 되는 돈인데, 그게 안 맞는다고 지금 끙끙거리고 있는 거예요?"

"아이들 과자 값이라니? 이 돈이 어떤 돈이냐? 국민들이 내는 세금 아니냐. 그런데 어디에 썼는지 정확히 보고해야 하지 않겠니? 백 원이든 십 원이든 말이야."

반기문 말에 동생은 할 말을 잃었다.

그렇게 원리 원칙을 중요하게 여겼기 때문에, 반기문은 다른 사람들이 선물로 무언가를 주는 것도 전혀 받지 않았다.

반기문이 청와대 외교안보 수석 비서관 자리에 있을 때였다.

한번은 전에 좀 알고 지내던 사람이 반기문을 찾아와 작은 선물을 주고 갔다.

그런데 그 사람이 청와대 정문으로 나와 보니, 뜻밖에도 반기문이

기다리고 있다가 무언가를 내미는 것이었다.

"별것 아닙니다. 받아 주세요."

반기문이 내민 것을 집에 가져가 뜯어보니, 자기가 반기문에게 선물로 주고 왔던 것을 다른 종이에 싸서 돌려 준 것이었다.

"하하, 내가 준 선물을 다시 돌려 주면 내가 무안해할까 봐서 이런 방법을 썼구나. 정말 멋진 사람이야."

그 사람은 반기문의 올곧고 강직한 성품에 반하고 말았다.

시크릿
포인트
Secret Point 6

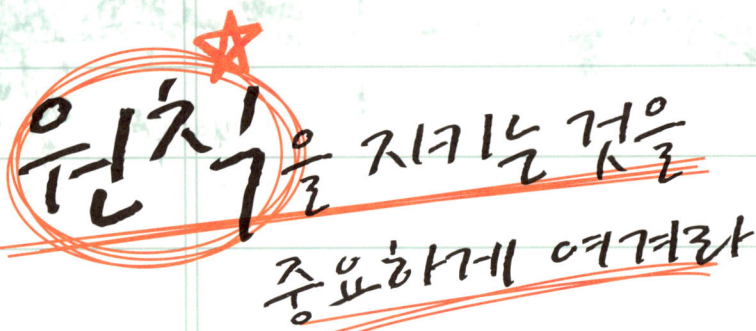

원칙을 지키는 것을
중요하게 여겨라

"**야,** 한 번만 봐 줘.", "안 돼. 너 지난번에도 봐 줬는데 또 이렇게 억지를 부리면 어떡해?", "에이, 그건 그거고 한 번만 봐 주지.", "야, 너랑은 이제 안 놀아. 이렇게 번번이 봐 달라고만 하고……."

가끔 친구들끼리 노는 것을 보면 이런 대화가 오가는 경우를 보게 돼요. 어떤 친구가 규칙을 어기고 자꾸 봐 달라고 우기고 있는 것이지요. 그런데 형편에 따라 자꾸 사정을 봐 주다 보면 놀이를 제대로 진행할 수가 없게 되고, 결국 모두 기분이 상하고 말아요. 그렇기 때문에 놀 때나 공부할 때나 무엇을 할 때든 원칙을 지키는 것은 중요하지요.

반기문은 언제나 원칙을 중요하게 여기는 사람이었어요. 아버지가 돌아가시는 엄청난 사건이 있었지만, 반기문은 자기 개인적인 일보다는 한 나라 외교관으로서 해야 할 일이 우선이라는 원칙을 갖고 있었기 때문에 아버지 장례식에 갈 수 없었지요. 또 아파서 죽을 것 같았지만, 병원에 가기보다는 할 일을 먼저 끝내는 데 신경을 썼어요. 주위 사람들은 그런 반기문을 믿어 주었어요. 이렇게 원칙을 지키는 사람은 다른 사람들에게 언제나 믿음을 주게 되지요. 아무리 열악한 상황에서도 그 사람이라면 반드시 주어진 일을 해낼 것이라고 믿는 거예요. 이렇게 믿음이 쌓이면 그 사람은 아주 큰 재산을 얻은 것이나 마찬가지지요. 어렵고 힘든 상황에서, 또 어떤 선택을 해야 할 상황에서 사람들은 항상 그편이 될 테니까요.

7 외교통상부 차관에서 물러나다

외교통상부 차관이었던 반기문은 공동 성명 중심 진행자 중 한 사람으로 모든 일을 주관하고 있었다. 그런데 발표 내용 중 미국 입장에 찬성하지 않은 듯한 내용으로 오해를 살 만한 문장을 고치지 못하고, 러시아와 함께 공동 성명을 발표하고 마는 실수를 저질렀다.

"아유, 반기문 차관님 때문에 정말 힘들어요."

2000년 무렵, 반기문 부하 직원이 푸념하듯 다른 부서 직원에게 중얼거렸다.

"아니, 부하들에게 화 한 번 안 내시는 반기문 차관님 때문에 힘드는 일이 다 있어요? 대체 그게 뭔데요? 혹시 일을 제대로 열심히 안 한다고 야단이라도 치시던가요?"

그 말에 반기문 부하 직원이 어이없다는 듯 웃으며 말했다.

"그게 아니라 반 차관님이 사람들에게 아주 친절한 게 문제예요."

"친절한 게 문제라니, 그게 무슨 말이에요?"

"차관님을 찾아온 손님들과 면담을 할 때 도대체 얘기를 끝내지 못

하시니까 말이에요. 차관님이 얼마나 바쁜 분인지 잘 아시지요? 그런 분이 손님이 찾아와 얘기를 시작하기만 하면 그만 끝내자는 말씀을 못 해서 늘 제가 들어가서 바쁘시다는 눈치를 드려야만 하니 얼마나 답답한지 모르겠어요."
"하하, 반 차관님 마음이 너무 좋으셔서 그런가 보네요."
"어디 그뿐인 줄 아세요?"
"또 있어요?"
"부하 직원들이 무슨 일을 잘못해도 따끔하게 야단치는 법이 없어요. 누가 엄청난 잘못을 하거나 게으름을 피워 자기 일을 제대로 해 놓지 않았다 싶으면 기껏 부르셔서는 요즘 바쁜 일이 있는 모양이야? 하시는 게 전부이니, 옆에서 그것을 지켜보는 저는 얼마나 답답한지 모르겠어요. 정말 차관님은 대단하시다니까요. 그런 못마땅한 상황에서 어떻게 얼굴에 웃음을 띠고, 그처럼 말씀하실 수 있는 건지…….”

“하긴 반 차관님 그런 성품 때문에 어느 누구 한 사람 반 차관님을 나쁘게 보지 않는 것 같아요. 반 차관님은 적이 없는 분이라는 생각이 들어요.”

“그건 그래요. 그렇게 남 말하기 좋아하는 사람들도 반 차관님에 대해서는 뭐라고 흉잡을 게 없으니까 말이에요. 오죽하면 반 차관님이 화내시는 일은 몇 년 동안을 헤아려 봐도 겨우 손가락으로 꼽을 정도라니까요.”

이렇게 반기문은 사람들에게 흉을 잡히거나, 비난받을 일을 전혀 하지 않는 사람이었다. 또 남들이 싫어하는 일을 억지로 시키지도 않았다. 다른 사람들이 하고 싶어하지 않으면 자기가 직접 나서서 하면 그만이었다.

그러나 단 한 가지 예외가 있었다. 그것은 부하들에 관련된 일이었다. 반기문은 자기 밑에서 일하는 부하들에 관한 일이라면, 팔을 걷어

붙이고 나서는 사람이었다.

하루는 외교 안보 비서관이던 반기문 부하 직원 한 사람이 대통령 외교 정책을 비판한 적이 있었다. 대통령은 그 직원 말에 몹시 화를 냈다. 대통령 아래에서 일하는 외교부 직원이 대통령 의견에 반대하는 말을 해서는 안 된다고 생각했던 것이다.

결국 대통령은 그 직원을 자리에서 물러나게 해야 한다고까지 생각하게 되었다.

그 소식을 들은 반기문은 서둘러 대통령에게 달려갔다.

"대통령님, 대통령님이 노여워하시는 마음은 잘 알겠습니다. 제가 보기에도 그 직원은 큰 잘못을 했다고 생각합니다. 그렇지만 그 사람은 국가와 대통령님에 대한 충성심도 큰 사람입니다."

반기문 말에 대통령이 말했다.

"그렇게 충성심 있는 사람이라면 잘려도 억울해하지 않겠군요?"

"그렇지만 그 사람만큼 열심히 일을 잘하는 사람도 없습니다. 그런 사람에게는 다시 기회를 주시는 게 옳다고 생각합니다."

반기문은 결국 화가 난 대통령을 말릴 수 있었다. 그리고 그 직원은 열심히 일해서 나중에 주미 대사관으로 나갈 만큼 승진했다.

부하 직원을 챙기는 반기문 모습은 그 뒤로도 계속 이어졌다. 외국에 함께 있던 외교부 직원이 병에 걸려 고생을 하자, 손수 한약을 지어 들고 그를 찾아가 위로해 주었다.

또 어떤 외교부 직원이 자리에서 물러나자, 앞장서서 미국에 있는 한 연구소에 일자리를 알아봐 주기도 했다.

하지만 그런 반기문을 보고 겉으로만 좋은 모습을 보여 주려는 위선자라고 말하는 사람들도 있었다. 또한 높은 사람들에게 지나치게 굽실거린다고 말하는 사람들도 있었다.

하지만 그것은 반기문이 지나치게 자신을 낮추는 겸손함을 오해한 데서 오는 말들이었다.

어떤 사람들은 높은 지위에 있는 사람이라면 적당히 권위적이기도 하고 아랫사람들에게 거만해질 필요도 있다고 여겼다.

그런 생각을 하는 사람들에게는 모든 주위 사람들 앞에서 자신을 낮추는 반기문 모습은 통 이해할 수 없는 것이었고, 당연히 비난받는 대상이 되었던 것이다.

어떤 기자들은 반기문이 좀처럼 기사가 될 만한 얘기나 흠잡을 만한 말을 하지 않는다며 '유만' 이라는 별명을 붙여 주었다.

처음에는 '기름 바른 장어' 라고 불리었던 것이 한자어로 바뀌며 '기름 유(油)' 에 '장어 만(鰻)' 을 써서 '유만' 이라는 별명을 붙여 주었던 것이다.

"내가 기름 바른 장어라고?"

처음에 기자들로부터 그 별명을 들었을 때, 반기문은 그 별명이 마음에 들지 않았다. 자기는 대부분 중대한 외교 문제를 일으킬 수 있는 외교부 직원으로서 항상 말조심을 했을 뿐인데, 그런 것을 가지고 기름 바른 장어라고 부른다니 너무했다는 생각이 들었다.

그렇지만 역시 반기문답게 한참 시간이 흐른 뒤, 꿈에 그리던 유엔 사무총장에 출마하면서 유만의 한자 뜻을 '움직일 유(走 달릴 주 + 佳새 추)'에 '일만 만(萬)'을 써서 '세상 많은 사람을 움직이는 사람'이라고 바꾸어 내는 재치를 발휘했다.

하지만 반기문에게 어렵고 힘든 일이 결코 없었던 것은 아니었다. 한평생을 외교로 살아가던 반기문에게 가장 가슴 아픈 실수로 남는 일이 몇 번 있었다. 그중 하나가 한·러 *정상 회담 때 발표한 공동 선언문이었다.

그것은 반기문이 2001년 외교통상부 차관으로 있을 때였다.

2001년 2월 27일은 우리나라와 러시아 간 한·러 정상 회담이 열린 날이었다.

그날 우리나라와 러시아는 공동 성명을 발표했다. 공동 성명이란 각각 입장이 다른 나라들이 공통적으로 관심을 갖고 있는 문제에 대해 서로가 책임과 의무를 함께 할 것을 약속하는 매우 뜻있고 중요한 것이었다.

외교통상부 차관이었던 반기문은 공동 성명 중심 진행자 중 한 사람으로 모든 일을 주관하고 있었다.

---

* **정상 회담** | 대통령 등 국가 우두머리가 만나 하는 회담.

그런데 발표 내용 중 미국 입장에 찬성하지 않은 듯한 내용으로 오해를 살 만한 문장을 고치지 못하고, 러시아와 함께 공동 성명을 발표하고 마는 실수를 저질렀다.

"큰일 났습니다. 이 내용은 미국 입장을 반대하는 것으로 전 세계 사람들이 이해할 것입니다. 차관님, 우리나라는 미국과 항상 입장을 같이하는 우방국이었습니다. 그런데 우리나라에서 미국 입장을 반대하는 듯한 내용을 발표하면 곤란하지 않겠습니까?"

"음, 자네 말이 맞아. 그 부분을 고쳤어야 했는데 큰일이군. 미국이 가만 있지 않을 거야."

비록 어이없는 실수였다고는 하지만 러시아는 미국 경쟁 상대국이었고, 우리나라는 미국 도움을 많이 받고 있는 나라로서 범해서는 안 될 실수였다.

전 세계 신문들이 우리나라와 러시아가 발표한 공동 선언에 대해 요란스레 떠들어 대기 시작했다.

러시아 정부는 기회는 이때다 하고 한국 정부가 마치 자기 나라를 적극 지지하는 양 자랑을 해댔다.

그러자 미국에서는 실수였음에도 불구하고, 미국 입장에 반대하는 내용을 발표해 버린 한국 정부에 몹시 화를 냈다.

우리나라 대통령은 그 뒤 미국에 갔을 때 그 실수로 인해 미국 정부에 사과를 해야 했다. 그 사건은 너무 심각한 일이었기 때문에, 이미 끝난 일이라도 누군가가 책임을 져야 했다. 그리고 그 책임자는 바로 외교통상부 장관과 차관이었다. 그리고 반기문은 바로 그 외교통상부 차관이었다.

그렇게 해서 반기문은 갑작스레 직업을 잃고 말았다. 그 사건은 반기문에게 매우 큰 충격을 주었다.

반기문은 한동안 좌절감으로 가득 차서 혼자 술을 마셨다.

'술이라도 마셔야 잠이 와. 정말 죽고 싶은 심정이야.'

반기문은 얼마나 마음 고생이 심했던지 평소보다 몸무게가 십 킬로그램이나 빠졌다. 주위에서 반기문을 보는 사람들도 안타깝기는 마찬가지였다.

"나는 지금까지 삼십일 년 동안 단 한 번도 쉬는 일 없이 우리나라 외교를 위해 뛰었어. 그런 내가 한순간 실수로 외교관 자리에서 물러나 실업자가 되는 것을 나는 한 번도 상상해 본 적이 없다. 그런데……."

반기문은 동생 전화를 받으며 이렇게 안타까운 마음을 털어놓았다.

반기문은 안타깝고 답답한 마음에 스승처럼 모시던 노신영 총영사를 찾아가기도 했다.

"어려운 언덕이 있으면 쉽게 내려갈 수 있는 내리막길도 나온다네. 이 일로 자네 인생이 끝나는 것은 결코 아니야. 그러니 이 힘든 시기를 잘 넘기도록 하게. 그래야 자네의 진정한 능력을 언젠가 다시 발휘할 수 있을 걸세."

초췌해진 반기문 모습을 본 노신영 총영사는 이렇게 격려해 주었다.

노신영 총영사와 가족과 친구들 격려는 반기문을 다시 기운 차리도록 만들었다.

겨우 기운을 회복한 반기문은 외교 안보 연구원에 들어가 그동안

바빠서 할 수 없었던 연구와 공부를 하면서 시간을 보냈다.

'그래, 이렇게라도 내가 지금 현재에 충실하다 보면 언젠가는 다시 좋은 기회가 찾아올 거야.'

그러면서 반기문은 다시 속으로 중얼거렸다.

'아무리 어려운 상황이라도 좋게 보고 좋게 생각하려 애쓰면 반드시 좋은 결과가 올 것이다. 지금 내가 어떤 상황에 처해 있든 그것을 잊으면 안 된다. 긍정은 힘이 세다고들 한다. 그래, 긍정의 힘을 믿는 거야.'

시크릿
포인트
7
Secret Point

긍정적인 사고를 이끌어 내라

긍정이란 무엇이든 좋은 쪽으로 보고 생각하는 거예요. 요즘 자기가 가지지 못한 것에 대해 불만을 터뜨리는 친구들을 많이 볼 수 있어요.

『탈무드』에 이런 이야기가 있어요. 한 아버지가 아들에게 말했어요. "사람 마음에는 두 마리 늑대가 있단다. 한 마리는 긍정적인 생각을 하고, 다른 한 마리는 부정적인 생각을 하게 하여 행동도 그렇게 하게 만드는 늑대란다." 그러자 아들은 "누가 이겨요?" 하고 물었어요. 그때 아버지

가 대답했어요. "네가 먹이를 주는 쪽이 이긴단다."라고요.

이 말은 무슨 뜻일까요? 바로 내가 긍정적인 생각을 하면 긍정적인 행동을 하고, 부정적인 생각을 하면 부정적인 행동을 하게 된다는 뜻이에요.

반기문은 자기에게 갑자기 닥쳐온 불행에 아무런 준비가 되어 있지 않았어요. 그래서 충격도 매우 컸고, 더 이상 자기가 원하던 외교관 일을 할 수 없어서 매우 안타까웠지요. 그러나 반기문은 거기에서 머물지 않았어요. 스스로를 위로하고 용기를 북돋워서 마음속에 있던 긍정적인 사고를 이끌어 내는 데 성공한 거예요. 결국 반기문은 어려운 상황을 극복하는 데 성공했고, 얼마 뒤 다시 외교관으로 일할 수 있었어요.

여러분도 어렵고 힘든 일, 혹은 도저히 불가능해 보이는 일이 있을 때마다 마음속에 있을 긍정의 힘을 가진 늑대를 불러 보아요. 그러면 아무리 어려운 일도 너끈히 해결할 수 있을 거예요.

8 걸어다니는 외교 사전

대통령 외교 보좌관으로 임명한 뒤, 함께 일하면서
대통령은 반기문이 얼마나 능력 있는 사람인지를 깊이 알 수 있었다.
얼마 안 가 대통령은 반기문을 '걸어다니는 외교 사전'이라고 부를 만큼
믿고 의지하게 되었다. 그것은 반기문을 외교통상부 장관으로
임명하는 데 가장 중요한 조건이었다.

기회는 기다리는 사람 몫이라는 말이 있듯이, 어려운 시간을 힘들게 극복하고 다음 기회를 기다리던 반기문에게 반가운 소식이 들려왔다. 주미 대사로 일하던 반기문을 좋게 여겼던 새로 임명된 한승수 외교통상부 장관이 반기문을 다시 외교관으로 불렀던 것이다.

한승수 외교통상부 장관은 한·러 정상 회담 일로 몹시 불쾌해 있던 대통령에게 반기문이 얼마나 성실하고 유능한 인재인지를 강조했다. 그리고 자기가 유엔 총회의장이 되자, 반기문을 유엔 총회의장 비서실장 겸 주 유엔 대사로 임명했다.

"아니, 그 자리는 외교통상부 차관까지 지낸 반기문 씨가 맡기에는 너무 낮은 자리가 아닌가요?"

주위 사람들 중에는 반기문에게 꼭 그런 자리에 가면서까지 외교관으로 일을 해야 하느냐고 불평하거나, 정말 그렇게까지 일을 하고 싶으냐고 비아냥거리는 사람들도 있었다.

그렇지만 반기문 생각은 달랐다.

"나는 다시 외교관으로 일할 수만 있다면 어떤 자리든 상관없어요. 어떤 자리든지 그 자리에서 열심히 최선을 다하면 또다시 좋은 기회가 올 거라고 생각하니까요."

반기문은 그렇게 말하며 유엔 본부가 있는 뉴욕으로 향했다. 뉴욕 유엔 본부에는 세계 각 나라에서 모여든 뛰어난 외교관들이 어우러져 전 세계를 움직이는 힘을 만들어 내고 있었다.

그런데 유엔 총회의장 비서실장으로 임명된 반기문이 막 일을 시작한 2001년 가을은 세계적으로 유례 없는 비극이 일어난 시기였다. 그것은 바로 9·11 *테러였다.

9·11 테러는 이슬람 과격 테러리스트들이 미국 뉴욕에 있는 세계 무역 센터 빌딩과 워싱턴에 있는 국방부 건물을 비행기를 이용하여 폭

---

* **테러** | 폭력을 사용하여 상대를 위협하거나 공포에 빠뜨리게 하는 행위.

파시킨 사건으로, 수많은 사람들이 죽고 다쳤으며 전 세계 사람들에게 경악과 공포를 불러일으켰다.

테러가 발생한 뒤, 반기문은 유엔 총회의장 비서실장으로 눈코 뜰 사이 없이 바쁜 시간을 보내야 했다.

세계 각 나라 대통령들이 잔인한 테러를 규탄하는 성명을 발표했고, 유엔 총회의장 나라인 우리나라 역시 테러를 규탄하는 성명을 준비하여 발표하는 등 많은 일들을 해야 했다.

반기문은 그 모든 일을 진행하느라 밤을 새우기가 일쑤였다.

이렇게 반기문이 최선을 다해 열정적으로 일하는 모습은, 유엔에서 일하는 다른 많은 세계 각 나라에서 온 외교관들에게 좋은 본보기가 되었다.

"반기문 의장 비서실장은 정말 열심히 일하는 사람이야."

"맞아, 우리 유엔 사무국에서 제일 열심히 일하는 사람이라는 생각이 들어."

"성실할 뿐 아니라 능력도 대단하던걸. 그는 영어권 나라에서 태어난 사람이 아닌데도 영어뿐 아니라 프랑스 어도 잘하더군."

"정말 그래. 노력을 많이 하는 사람이지?"

많은 유엔 직원들이 반기문을 칭찬했다.

그렇게 반기문이라는 이름은 차츰 세계 여러 나라 외교관들에게 기억되고 있었다.

더구나 다양한 사람들이 모인 뉴욕 외교가에서 어느 누구에게도 흉잡히지 않고 모두와 잘 어울려 지내는 *친화력으로 반기문은, 많은 외교관들과 사귈 수 있었고 그들을 친구로 만들 수 있었다. 그리고 그것은 뒷날 반기문이 유엔 사무총장 선거에 나섰을 때 가장 큰 주춧돌이

---

* **친화력** | 다른 사람들과 사이좋게 잘 어울리는 능력.

되어 주었다.

결국 아무리 낮은 자리라도 외교관으로 할 일이 있음을 감사히 여기며 뉴욕으로 날아갔던 반기문의 선택은, 더할 나위 없이 훌륭한 결과를 가져다 준 것이다.

반기문이 유엔 총회의장 비서실장으로 일하던 도중에 우리나라는 대통령이 바뀌었다.

새로 뽑힌 노무현 대통령은 우리나라가 미국에 의존하지 않고, 자주적인 외교를 해야 한다고 믿는 사람이었다.

많은 사람들이 이번에야말로 반기문이 외교통상부 장관이 될 거라고 말했다. 반기문 역시 외교통상부 장관이 되기를 은근히 기대하고 있었다.

반기문은 그 일을 맡을 만큼 충분히 여러 자리를 거쳤고, 그런 중요한 일을 맡으면 잘할 자신도 있었다.

그러나 기뻐하기에는 아직 일렀다. 노무현 대통령은 반기문을 외교통상부 장관이 아닌 대통령 외교 보좌관이라는 자리에 임명했다. 그 자리는 전에 맡았던 차관과 같은 위치였다.

"아니, 어떻게 십 년이나 차관을 맡았던 사람에게 또다시 차관 직급을 준단 말이야? 이건 정말 있을 수 없는 일이야."

사람들은 또다시 반기문이 운이 없다며 떠들어댔다. 그러나 반기문은 여전히 빙긋 웃으며 그 일을 기꺼이 받아들였다. 자기 능력을 새로 만난 대통령에게 보여 주면 언젠가는 더 중요한 자리에 쓰게 될 거라고 반기문은 믿었다.

반기문 예상대로 얼마 동안 시간이 지난 뒤, 노무현 대통령은 반기문을 외교통상부 장관으로 임명했다. 드디어 우리나라 외교를 총괄하는 자리에 서게 된 것이다.

외교안보 비서관으로 임명한 뒤, 함께 일하면서 대통령은 반기문이 얼마나 능력 있는 사람인지를 깊이 알 수 있었다.

얼마 안 가 대통령은 반기문을 '걸어다니는 외교 사전'이라고 부를 만큼 믿고 의지하게 되었다. 그것은 반기문을 외교통상부 장관으로 임명하는 데 가장 중요한 조건이었다.

"반기문 장관은 외교통상부의 중요한 자리들을 두루 거치면서 많은 경험을 쌓았습니다. 또한 국제 무대에서 외교적인 역량을 발휘할 수 있는 능력과 조직을 이끌어 가는 *리더십도 있는 사람입니다. 그렇기에 외교통상부 장관으로서 책무도 충분히 잘해 나갈 것이라고

---

* **리더십** | 무리를 다스리거나 이끌어 가는 지도자로서의 능력이나 통솔력.

믿고 있습니다."

반기문을 외교통상부 장관에 임명하면서 청와대에서는 이렇게 발표를 했다. 반기문에게 얼마나 많은 신뢰와 기대를 갖고 있는지를 잘 보여 주는 말이었다. 그리고 많은 사람들이 그런 청와대 발표에 고개를 끄덕였다.

"그래, 반기문 장관이라면 잘할 거야."

하지만 반기문이 외교통상부 장관이 된 2004년은, 우리나라 외교 역사에 매우 힘든 한 장이 펼쳐지고 있는 어려운 시기였다. 칠레와 *자유 무역 협정, 이라크 파병 같은 도저히 해결될 실마리가 보이지 않는 어려운 문제들이 가득 쌓여 있었기 때문이다.

장관 자리에 오른 반기문은 쉴 틈이 없었다. 수많은 나라들을 찾아다니며 우리나라와 얽힌 여러 문제들을 해결해야 했다. 당장 자유 무역 협정 문제가 걸려 있는 칠레를 비롯한 중·남미 국가들부터 찾아다녀야 했다.

그런데 외교통상부 장관으로서 해야 할 일들이 너무 많았기 때문에 시간이 많이 부족했다.

---

* **자유 무역 협정** | 국가 간 상품의 자유로운 이동을 위해 모든 무역 장벽을 없애는 협정. 영문 머리글자를 따서 에프티에이(FTA)라고도 함.

'어떻게 하면 시간을 절약할 수 있을까? 이번 여행에는 겨우 육 일밖에 쓸 수가 없어. 이 짧은 기간 동안 더 많은 나라를 돌면서 우리나라와 관계를 긴밀하게 연결할 수 있도록 해야 하는데. 그리고 한국으로 돌아와 쌓여 있는 일들을 모두 처리해야 할 테고.'

반기문은 고민을 거듭하면서 시간 절약할 방법을 찾았다. 그러다가 문득 좋은 방법이 떠올랐다.

반기문은 당장 비서관을 불렀다.

"좋은 생각이 떠올랐어. 겨우 육 일 동안 우리가 더 많은 나라와 도시를 찾아다니려면 잠을 덜 자는 수밖에 없는 것 같군. 여보게, 비행기로 다음 나라로 이동할 때는 항상 밤 시간으로 정해 두고, 비행기 안에서 잠자도록 하지. 그러면 호텔에서 잠자는 시간을 벌 수 있지 않겠는가?"

비서관이 놀라며 물었다.

"장관님! 그런 일정으로 짠다면 호텔에서 잠자는 것은 겨우 이틀뿐이고, 나머지는 모두 비행기 안에서 자야 한다는 결론이 나옵니다. 어떻게 그렇게 일을 하고 몸을 지탱할 수 있겠습니까? 그건 무리입니다. 다시 계획을 짜시는 게 어떻겠습니까?"

"왜? 자네들이 힘들까 봐 그러나? 나는 괜찮을 테니 걱정 말고 내가 애기한 대로 계획을 짜서 준비하도록 하게."

"알겠습니다."

비서관은 할 수 없이 대답을 하고 밖으로 나갔다. 그리고 반기문이 내린 명령대로 일정을 짜서 여행을 진행했다.

반기문은 조금도 불평하지 않고, 비행기 안에서 불편한 잠을 자며 육 일 동안의 일정을 소화해 냈다.

"와, 우리 장관님은 정말 강철이신가 봐. 육 일 중에서 겨우 이틀을 호텔에서 묵었을 뿐인데도 저렇게 쌩쌩하게 외교 업무를 보시다니. 참 대단하신 분이야. 안 그런가? 난 장관님 따라다니느라 정말 힘들었다고."

"나도 그랬어. 그러고 보니 이번 여행은 2박 6일짜리 여행이었군. 자네들 2박 6일이라는 말을 들어 보기나 했어?"

"천만에. 그런 말을 대체 어디서 들어 봤겠어? 우리 장관님이 처음일 테지. 하하, 정말 대단한 장관님이시라니까."

젊고 건강한 비서관들도 버거운 일을 반기문이 너끈히 해내자, 비서관들은 혀를 찼다.

"이렇게 바쁘고 중요한 일들이 많을 때는 어쩔 수 없는 일이지. 내가 조금 피곤하고 힘들면, 나라를 위해 큰 도움이 된다는 것을 알면서 어떻게 편하게 지낼 수 있겠는가?"

반기문은 힘들지 않느냐는 주위 사람들 말에 웃으며 그렇게 대답할 뿐이었다.

그러다 보니 반기문은 외교통상부 장관 일을 맡았던 구백구십여 일 중에서 삼백삼십 일을 우리나라를 대표하는 외교관으로서 백다섯여 개나 되는 나라를 방문하며 보내는 기록을 세웠다.

"나는 삼백오십 차례 외교 장관 회담을 했고, 24박 26일을 각 나라를 돌며 우리나라와 다른 나라 간 친교를 다지는 일도 맡았어요. 그러는 동안 비행기 안에서 잠을 자고, 샌드위치 같은 간단한 음식으로 끼니를 때우는 일도 많았지요. 하지만 나는 내가 좋아하는 일을 할 수 있어서 기쁘고 행복했습니다."

반기문은 늘 그렇게 말했다. 그런 마음 자세는 나라를 대표하는 외교관으로서 임무에 충실하려는 반기문의 성실한 마음에서 비롯된 것이었다.

그 당시 우리나라는 미국과 사이가 썩 좋지 못했다. 미국에 기대지 않는 자주적인 외교를 외치는 우리나라 대통령을 미국이 곱게 보아넘기지 않았기 때문이다.

대통령이나 대통령 뜻에 따라 선출된 정부 관리들은 지금까지 우리나라가 너무 지나치게 미국에 의존해 왔다고 보고, 이제 그만 미국이라는 그늘에서 벗어나 대등한 관계로 발전해야 한다고 생각하고 있었다.

미국은 그런 우리나라 정부 행동에 꽤나 불쾌해하고 있었다. 그런 상황에서 어떤 나라 말에도 귀 기울여 주고, 다툼을 만들지 않는 반기문의 전략은 효과가 있었다.

반기문이 외교통상부 장관이 되자, 그동안 주미 대사관이나 유엔 본부 들에서 여러 번 보아 왔던 반기문의 온건하고 어느 한쪽에 치우치지 않는 모습이 세계 각 나라 사람들에게 호감을 주었다.

미국 정부에서는 반기문이 외교통상부 장관이 되자마자, 축하하는 전화를 걸어왔다. 외교통상부 장관이 된 지 얼마 지나지 않았을 때였다.

"한국 외교통상부 장관이 되신 것을 축하합니다. 앞으로 한국과 미국 두 나라의 더 나은 관계를 위해 노력해 주십시오."

그만큼 미국 정부에서는 우리 대통령과 같이 반기문에 대한 기대가 컸다. 껄끄러운 우리나라 대통령과 관계를 반기문이 부드럽게 조정해 줄 거라고 기대했던 것이다.

그 기대를 저버리지 않고 반기문은, 우리나라와 미국 사이에서 조율사가 되어 어려운 문제들을 하나씩 처리해 나갔다.

어떤 사람들은 그런 반기문에게 지나치게 미국 편을 드는 사람이라며 비난했다.

　또 자유 무역 협정을 위해 앞장선 반기문에게 우리나라 농민들을 팔아먹는 매국노라는 말까지 했다. 북한 인권 문제를 외면한다며 비판하는 사람들도 있었다.

　그러나 반기문은 매우 어려운 여러 가지 상황 속에서 어떤 것이 나라를 진정으로 위하는 것인지를 신중하게 생각했고, 그 신념에 따라 모든 일을 했다.

　반기문은 자기가 하는 일에 확신을 갖고 있었으며, 그것은 결코 반

기문 자기만의 *독단이나 *독선에서 온 것은 아니었다.

그런데 2004년, 반기문을 몹시 힘들게 하는 사건이 또다시 일어났다. 이라크에서 한국인을 납치하고 살해한 사건이었다.

우리나라 사람이 외국 무장 테러 단체에 의해 납치되고 몇 명이 살해되기에 이르자, 국민들은 외교부는 대체 무엇을 하고 있었느냐고 외교부를 비난하기 시작했다.

---

* **독단** | 남과 상의하지 않고 혼자서 판단하거나 결정함.
* **독선** | 자기 혼자만 옳다고 믿고 행동하는 일.

외교부가 국민을 보호할 책임을 다하지 않았다는 비난 여론이 들끓었고, 우리나라 사람이 살해당한 뒤에는 그 사건에 대해 적절히 대처하지 못했다는 비난이 일었다.

반기문은 신문에 고개 숙인 모습으로 실릴 만큼 어려움에 휩싸였다. 반기문으로서는 도저히 어찌해 볼 수 없는 난처한 문제였다. 가지 말라는 위험 지역으로 굳이 달려가는 국민들을 모두 강제로 끌고 올 수도 없는 노릇이라고 반기문은 생각했다.

"우리 외교부가 잘못한 것은 사실입니다. 그렇지만 이토록 심하게 야단맞을 일은 아니라고 생각합니다."

반기문은 얼마나 많은 사람들에게 비난받고 시달림을 당했던지 기자들뿐 아니라 모든 사람들을 만날 자신까지 없어졌다. *대인 공포증까지 생길 정도였다.

결국 반기문은 사태에 대한 모든 책임을 지고, 대통령에게 사표를 제출했다.

그러나 대통령은 반기문이 낸 사표를 받지 않았다. 어려운 문제가 있다면 그것을 스스로 풀어 보라는 말로 사표를 물렸던 것은, 대통령

---

* **대인 공포증** | 다른 사람 행동이나 몸짓을 자기와 관련하여 강한 불안을 느끼고, 다른 사람을 대하는 데 두려움을 가지는 증세.

이 그만큼 반기문을 믿고 있다는 것을 보여 주는 것이었다.

사표를 돌려받은 반기문은 앞으로 또다시 그런 불행한 일이 일어나지 않기 위해서라도 해외에 나가 있는 우리나라 영사관들이 국민들 보호에 최선을 다해야 한다고 보고, 국민들을 좀더 확실히 보호할 수 있는 여러 가지 대책들을 세우는 데 온 힘을 기울였다. 그것은 뼈아픈 후회가 따르는 일이었다.

시크릿 포인트 8
Secret Point

인정받는 사람이 되기 위해 노력하라

처음 노무현 대통령이 정권을 잡았을 때, 사람들은 모두 반기문이 외교통상부 장관이 될 거라고 당연히 믿고 있었어요. 그만큼 반기문이 외교통상부에서 오랫동안 열심히 일했다는 뜻이지요.

그렇지만 노무현 대통령은 반기문을 처음부터 외교통상부 장관으로 임명하지 않았어요. 대통령 외교 보좌관이라는 조금 낮은 자리를 주고 일하게 한 뒤, 반기문이 정말 열심히 일하는 사람인지 그렇지 않은지를 판가름해 보았던 거예요.

다른 사람들이었다면 어째서 이렇게 시시한 자리밖에 안 주느냐고 불평하고 투덜거렸을 테지만, 반기문은 그러지 않았어요. 오히려 자기 자리에서 최선을 다했고, 그 덕분에 대통령으로부터 '걸어다니는 외교 사전'이라고 불릴 만큼 인정받게 되었지요. 그리고 그렇게 인정받고 난 뒤에는 드디어 외교통상부 장관 자리에 오를 수 있었어요.

다른 사람들에게 자기를 인정받는 일은 쉽지 않아요. 상대방이 무엇을 원하는지, 또 무슨 생각을 하는지를 알아야 하고, 자기가 그 사람 기대에 맞을 만큼 뛰어나다는 것을 보여 주어야 인정받을 수 있어요.

여러분은 누구에게 인정받고 싶나요? 어떤 분야에서 인정받고 싶나요? 또 앞으로 어떤 일에서든 인정받는 사람이 되기 위해 어떤 노력을 하고 있나요? 자기 모습을 뒤돌아보아요.

# 9 세계 대통령, 유엔 사무총장이 되다

우리나라같이 힘없고 작은 나라,
더욱이 분단된 나라에서 압도적인 표 차로
이긴 데에는 분명 반기문이라는 한 사람이 외교관으로서 가진
능력과 성실함, 그리고 친화력이 큰 부분을 차지하고 있었다.

한평생을 대한민국 외교를 맡아보던 반기문은, 어느새 육십이 넘은 머리 희끗한 노인에 접어들고 있었다. 머리는 비록 하얗게 셌지만, 마음만은 여전히 우리나라와 세계 각 나라를 이어 주는 다리 역할을 하는 데 필요한 열정으로 가득 차 있었다.

때마침 유엔에서는 십 년 동안 유엔을 이끌었던 코피 아난 사무총장이 임기를 마치고 새로운 사무총장을 뽑을 시기가 되었다. 많은 나라 외교관들이 세계 대통령이라고 불리는 유엔 사무총장 후보에 나서기를 희망했다. 그런데 놀랍게도 세계 각 나라에서 우리나라에 질문을 해대는 것이었다.

"반기문 장관은 유엔 사무총장 후보로 출마하지 않습니까?"

질문을 받은 우리 정부에서는 과연 반기문이 유엔 사무총장으로 뽑힐 가능성이 있는지를 탐색해 보기로 했다. 유엔 사무총장은 한 개인이 인기가 있거나 능력이 있다고 뽑히는 자리가 결코 아니었다.

우선 유엔 안전 보장 이사회의 *상임 이사국들 중 한 나라라도 반대가 있으면 절대 안 되었다. 또 유엔 안에 가장 강력한 힘을 갖고 있는 미국이 반대를 한다면 더더욱 어려운 일이었다.

정부에서는 반기문에 대해 미국이 어떤 생각을 갖고 있는지를 아는 것이 중요했다. 그런데 뜻밖에도 반기문과 만난 자리에서 미국 국무부 장관 콘돌리자 라이스는 반기문이 유엔 사무총장 후보로 나서면 적극 지지하겠다는 말을 했다.

"아니, 정말 저를 지지해 주시겠다는 말씀입니까?"

놀라서 묻는 반기문 말에 라이스 장관이 대답했다.

"물론이에요. 저뿐 아니라 우리 미국 정부는 반기문 장관에 대해 매우 호의를 갖고 있답니다."

라이스 장관 대답이 우리 정부에 알려지자, 우리 정부 사람들은 희망을 갖게 되었다.

---

* **상임 이사국** | 유엔 안전 보장 이사회에 대표자가 늘 자리하고 있는 나라. 미국·러시아·영국·프랑스·중국 다섯 나라임.

"아, 미국이 이렇게 반응한다면 우리도 반기문 장관을 유엔 사무총장 후보로 내보내는 걸 적극적으로 생각해 보는 게 좋겠군요. 우리나라 출신이 유엔 사무총장이 된다면 북한과 문제를 좀더 잘 해결해 볼 수 있을지도 모르니까 말이에요."

물론 우리나라같이 남북이 분단되어 있는 상황에서 어떻게 유엔 사무총장을 낼 수 있겠느냐며 비판적인 말을 하는 사람들도 있었다. 또 안 그래도 북핵 문제가 잘 안 풀리고 있는데, 괜히 사무총장을 한다고 나섰다가 오히려 북핵 문제를 더 어렵게 만들 수도 있다며 신중하게 결정해야 한다는 사람들도 있었다.

그런 의견들을 들으며 반기문은 기도하는 마음으로 신중하게 생각했다.

'내가 정말 모든 외교관들 꿈인 유엔 사무총장이 될 수 있을까?'

반기문은 가슴이 설레고 떨렸다.

　그러나 많은 사람들이 반기문을 믿어 주고, 지지해 주며 용기를 북돋워 주었다. 반기문은 희망을 얻었다.
　'그래, 우리나라는 오랜 기간 동안 유엔에 도움을 받고 살았어. 이제 우리나라도 그런 불행한 시대에서 벗어나 유엔을 이끌어 가는 *선도국이 될 수도 있을 거야. 그리고 내가 앞장설 수 있다면 정말 기쁜 일이지.'

* **선도국** | 올바르고 좋은 길로 가도록 앞장서는 나라.

반기문은 오랫동안 고민하고 정부와 의논 끝에 유엔 사무총장 후보로 나가기로 마음먹고 국민 앞에 나섰다.

"저는 오늘 유엔 사무총장 후보로 나서게 되었습니다. 우리나라는 그동안 유엔이 추구하는 목표를 이루어 낸 모범적인 나라였습니다. 그리고 이제 우리에게 도움을 주었던 유엔에 도움을 주려고 합니다. 우리 대한민국이 세계 평화에 기여할 수 있도록 최선을 다할 것입니다. 그러기 위해 저는 유엔 사무총장 후보가 된 것을 겸허하게 받아들이겠습니다. 앞으로 국민 여러분들의 많은 지지와 성원을 부탁드리겠습니다."

반기문 연설은 믿기 어려운 내용이었다. 내내 유엔 도움을 받았던 우리나라에서 이제 유엔을 이끄는 사무총장이 나오게 된다는 것은, 우리나라가 얼마나 큰 성장을 이루었는지를 보여 주는 증거였다. 모든 국민들은 기쁨과 흥분, 그리고 설레임으로 반기문이 하는 연설을 들었다.

비밀 투표로 진행되는 유엔 사무총장을 뽑는 것은 매우 복잡하고 어려운 과정이었다. 또 언제 상황이 뒤집어져 이롭게 되거나, 안 좋게 될지도 알 수 없었다.

"상임 이사국 다섯 나라와 비상임 이사국 열 나라 대표들이 투표하는데, 아홉 나라 이상 표를 받아야 해. 또 상임 이사국들 가운데 어느 한 나라라도 반대가 있어서는 안 된다는 조항이 정말 문제야. 미국이 지지하는 나라는 러시아나 프랑스가 반대하기 일쑤고, 러시아나 프랑스가 추천하는 후보는 일본이나 미국·영국이 반대하기 쉬우니까."

반기문은 투표가 어떻게 되어 가고 있는지를 묻는 아내와 아이들에게 이렇게 말해 주었다.

"그러면 우리나라 편은 어느 나라예요?"

"우선 미국이 우리나라를 지지하고 있어. 하지만 겉으로는 그러지 않은 척하고 있지만 말이야. 미국이 지지하고 있다는 걸 다른 나라들이 알면 반대할 게 뻔하니까. 그런데 문제는 프랑스야."

"프랑스가 왜요?"

"프랑스는 프랑스 어를 할 수 있는 나라 사람이 유엔 사무총장을 맡기를 바라고 있지."

"프랑스 어라면 아버지도 배웠잖아요?"

"그 정도 배운 것으로는 프랑스 사람들을 쉽게 만족시키기 어려울 것 같아. 그렇지만 노력은 해 보아야겠지."

반기문은 그 뒤 프랑스 지지를 얻기 위해 프랑스 어를 공부하고 또 했다. 기회가 있을 때마다 프랑스 어로 연설을 했고, 유엔 총회에서도 일부러 프랑스 어로 말하곤 했다.

반기문이 프랑스 어로 말하는 모습은 자크 시라크 프랑스 대통령 눈에도 띄었는데, 프랑스 대통령은 어떤 동양인 외교관이 저렇게 프랑스 어를 잘하느냐고 물으며 관심을 보였다. 그리고 결국 투표에서 우리나라를 지지하는 데 손을 들어 주었다.

일본이나 중국 등 아시아 나라들도 걱정스럽기는 마찬가지였다. 중국은 비교적 쉽게 우리나라를 지지해 주었지만, 비상임 이사국 중 한 나라인 일본은 달랐다. 일본은 얼마 전 우리나라가 일본이 상임 이사국 진출하는 것을 반대했기 때문에, 우리나라에 대해 좋지 않은 감정을 갖고 있었다.

일본 신문들은 반기문이 유엔 사무총장에 출마하는 것에 대해 일본 국민들이 한국 사람 출마를 기꺼워하지 않을 것이라는 내용으로 기사를 실었다. 그것은 반기문과 우리 정부를 기운 빠지게 하는 소리였다.

한 가지 희망이 있다면 그것은 비록 일본과 우리나라 사이는 나빴지만, 일본 유엔 대표부 대사인 오시마 겐조가 반기문과 오랜 친구 사이라는 것이었다.

비록 상임 이사국은 아니었지만, 일본은 유엔에서 미국 다음으로 돈을 많이 내는 나라였다. 또 아프리카나 중동 그리고 아시아에 많은 영향력을 끼치는 나라였다. 그러니 반기문 입장에서 몹시 신경 쓰이는 나라들 중 하나일 수밖에 없었다.

본격적으로 출마 선언을 한 뒤로 반기문은 전 세계 어디든지 우리나라를 지지해 줄 나라가 있다면 달려갔다. 그리고 소중한 한 표를 호소했다.

"장관님, 투표권을 가진 열다섯 나라들만 찾아다니시지 왜 힘들게 세계 각 나라들을 다 다니며 지지를 호소하시는 거예요? 그건 쓸데없는 낭비 아닌가요?"

피곤에 지친 반기문에게 부하 직원이 물었다.

"나는 그렇게 생각하지 않는다네. 비록 투표권을 가진 것은 열다섯 나라겠지만, 유엔은 전 세계 나라들이 모이는 곳이야. 나는 전 세계 모든 나라들 지지를 얻어야 사무총장이 될 수 있을 거라고 생각한다네. 자, 우리 남극과 북극 말고는 어디든 찾아가 보자고."

그런 반기문의 열정은 전 세계 많은 나라 사람들을 감동시켰다. 그래서 투표권을 가진 나라들로부터 압도적인 지지를 얻어 일 차와 이 차 모두 승리를 거머쥘 수 있었다.

라이벌이었던 태국의 수라키아트 사티라타이 부총리와 스리랑카의 자얀타 다나팔라 전 유엔 사무차장을 물리치고, 한국인 최초로 유엔 사

무총장이 된 것이다.

　투표는 여러 번에 걸쳐졌는데, 최종 결과는 찬성 열네 표, 기권 한 표였다. 우리나라같이 힘없고 작은 나라, 더욱이 분단된 나라에서 압도적인 표 차로 이긴 데에는 분명 반기문이라는 한 사람이 외교관으로서 가진 능력과 성실함, 그리고 친화력이 큰 부분을 차지하고 있었다.

　2006년 10월 14일, 뉴욕에 있는 유엔 본부에서 제팔 대 유엔 사무총장에 뽑힌 반기문은, 떨리는 마음을 추스르며 사무총장 직을 기꺼이

받아들인다는 내용의 수락 연설을 했다.

의장님, 사무총장님, 각 나라 대사님, 저명하신 대표 및 신사 숙녀 여러분. 저는 지금 아낌없는 축하와 격려를 받고 벅찬 가슴으로 이 자리에 섰습니다. 회원국들이 제게 보내 준 믿음에 대한 무한한 감사와 그 믿음에 보답하겠다는 뚜렷한 의지로 저는 우리의 훌륭한 조직인 유엔의 제팔대 사무총장 직을 겸허하게 받아들이겠습니다. 각 회원국 지도자들과 국민들께서 저를 지지해 준 것에 대해 깊은 존경과 감사를 드립니다. 세계 평화와 번영, 그리고 모든 인류의 존엄을 위해 우리가 닦아야 할 도로에는 많은 함정들이 있습니다. 저는 유엔 헌장으로 부여된 제 직책과 여러분들이 제게 맡기신 권한을 사용하여 인간의 권리가 제대로 보호받지 못하는 가장 힘없고 약한 회원국들을 보호하고, 국제 안보와 평화를 위한 유엔의 책임을 다하도록 하겠습니다. 한국 국민들에게 유엔 깃발은 옛날이나 지금이나 한결같이 더 나은 미래의 등불이었습니다. 저만 해도 냉전이 세계를 휩쓸던 시절, 함마르시욀드 당시 사무총장께 자유와 민주주의를 얻으려 애쓰고 있는 먼 유럽의 어떤 나라를 도와줄 것을 호소하는 편지를 쓴 적이 있었습니다. 저는 그때 그 나라를 도와야 하는 깊은 의미에 대해서는 이해하지 못했습니다. 하지만 유엔은 필요한 때 도움을 주는 존재라는 것을 깨달을 수 있었습니다. 저는 진심으로 청소년들이 유엔이 더 나은 미래를 건설하기 위해 열심히 노력한다는 사실을 알면서 자라기를 바랍니다. 저는 청소년들의 희망을 포옹하고 그들의 호소에 귀 기울일 것입니다. 저는 모든 것을 좋게 생각하는 낙관론자이며, 우리 국제 기구의 미래에 대한 희망으로 가득합니다. 여러분! 더욱 많이, 더욱 훌륭하게 실천하는 유엔 건설을 위해 함께 노력합시다. 들어 주셔서 감사합니다.

반기문이 한 연설은 어렵고 힘든 사람들 편에 서서 노력하는 유엔을 만들겠다는 의지가 가득 담긴 것이었다.

유엔 사무총장으로서 무엇보다 가장 중요한 일은 일만 명이 넘는 유엔 직원들을 이끌어 나가는 일이었다. 유엔에서 일하는 직원들은 모두 나라도 다르고 인종도 다르며 문화와 사고 방식이 달랐다. 그렇기 때문에 그들이 한데 어우러져 유엔을 잘 이끌어 가기 위해서는 정말 대단한 리더십이 필요했다.

사람들은 반기문이야말로 바로 그 리더십을 갖춘 사람이라고 입을 모았다. 두드러지지 않으면서도 모두를 이해하고 함께 이끌어 나가려 하는 사람이 바로 반기문이기 때문이었다.

시크릿
포인트
9
Secret Point

희망을 품고 최선을 다하라

먼 옛날, 신이 판도라라는 여자에게 상자 하나를 선물로 주면서 말했지요. "절대 이 상자를 열어 보아서는 안 된다." 궁금증이 많은 판도라는 살그머니 상자를 열었어요. 그러자 상자 안에 있던 온갖 질병과 불행들이 상자 밖으로 쏟아져 나왔어요. 판도라는 놀랍고 무서워서 얼른 상자를 닫으려고 했지요. 그런데 안에서 작은 소리가 들렸어요. 그것은 바로 '희망'이었어요. "당신이 지금 밖으로 뛰쳐나간 온갖 나쁜 것들 때문에 괴롭고 힘들 때 저를 불

　러 봐요. 그러면 한결 나을 거예요." 그 말에 판도라는 상자를 열어 희망이 상자 밖으로 나올 수 있게 해 주었어요. 우리에게 희망이 없다면 어떨까요? 아마 언제나 슬프고 어둡고 괴로움만 가득할 거예요. 그렇지만 희망이라는 게 있어서 우리는 어렵고 힘든 시절들을 잘 지나올 수 있어요.

　반기문도 마찬가지예요. 반기문은 우리나라 형편상 유엔 사무총장을 내는 것이 결코 쉬운 일이 아니라는 것을 잘 알고 있었어요. 여러 강대국이나 회원국들 상황도 살펴야 했지요. 그렇지만 그렇게 어렵고 힘든 일임에도 반기문은 희망을 갖고, 그 일이 이루어질 때까지 최선을 다해 노력했어요. 그리고 그에 대한 값진 대가를 얻었지요.

　여러분도 언제나 희망을 갖고 노력하는 사람이 되어 보아요. '난 잘 못해!' 보다는 '그래, 난 지금 잘 못해. 하지만 노력하면 더 나아질 거야.' 라고 생각하는 것이 바로 희망을 품은 사람 마음일 거예요.

10 케네디 상원 의원이 보낸 선물

상자 속에 들어 있는 것은 사진이 들어 있는 액자였다.
그 액자 속 사진은 바로 고등학생 반기문이,
사십여 년 전 미국에 가서 케네디 대통령을 만나
연설을 듣고 있는 모습이었다.

반기문은 우리나라에서 생활을 정리하고 유엔으로 떠나기 전, 우리나라에 있는 사람들에게 일일이 편지를 써서 보내는 정성을 보이기도 했다.

제가 미처 다 하지 못한 일들을 후배들에게 물려줄 수밖에 없게 되었습니다. 그렇지만 제가 어디에 있든지 후배들이 하는 일에 조금이라도 보탬이 될 수 있도록 노력하겠습니다. 여러분들도 제가 장관으로 있었을 때 보내 주셨던 관심과 사랑으로 후배들을 지도해 주시기를 부탁드리겠습니다. 그리고 제 뒤를 잇게 될 후임 장관에게도 아낌없는 사랑과 격려를 해 주시기를 부탁드립니다.

그 편지 속에는 자기 뒤를 이어 외교통상부 장관 일을 맡을 후배를 염려하고, 자기가 하던 일을 미처 다 끝맺지 못하고 떠나는 죄송스런 마음이 가득 들어 있었다.

"이 사람은 정말 미워하려 해도 미워할 수가 없는 사람이군. 유엔 사무총장이라는 거대한 자리에 올랐으니, 이제 사소하게 여겨지는 것들은 뒤돌아보지 않을 수도 있었을 텐데⋯⋯후배 장관 일까지 이렇게 세세히 염려하고 챙겨 주다니!"

이미 우리나라를 떠나고 없는 반기문을 두고 사람들은 서로 얘기를 나누었다.

"그러게 말이야. 그 자리가 보통 자리인가? 앞으로 해야 할 일들을 생각하는 데만 해도 엄청나게 머리가 아프고 신경이 쓰일 텐데 이런 편지까지 남겨 주고 가다니. 정말 반기문 총장 후임으로 오는 사람은 어떤 사람일지 궁금해지는군."

"누가 되었든 반기문 총장 반도 못 따라갈걸? 오죽하면 반 총장 별명이 반반이었겠어?"

"하하, 아직도 반기문 총장을 반반이라고 부르는 사람이 있었군."

"당연하지. 반기문 총장 반만 따라가도 성공한다고 해서 '반', 또 반기문 총장 따라 하다가는 반도 못 따라 하고 제풀에 나가떨어질 거라는 의미에서 또 '반'이라면서? 그렇게 재미있는 별명을 누가 잊어버리겠나?"

그렇게 말하는 사람들 입가에는 따스한 웃음이 묻어 나왔다. 정성을 담아 쓴 편지야말로 언제나 겸손하게 남을 먼저 배려해 주던 반기문다운 것이었다는 생각도 들었다.

많은 사람들이 그렇게 반기문을 떠올리고 있을 때, 반기문은 드디어 유엔 사무총장으로서 첫 출근을 하고 있었다. 사무총장이 머무는 공관이 수리가 채 되지 않아 호텔에서 머물며 하는 출근이었다.

많은 경호원들이 호텔을 나서서 유엔 본부까지 걸어가는 반기문을 호위했다. 수많은 취재진들도 반기문이 첫 출근하는 모습을 카메라에

담으려고 호텔 앞과 유엔 본부 앞에서 기다리고 있었다.

반기문은 밝은 웃음으로 사람들 환영에 답례했다. 사무실에서는 세계 대통령인 유엔 사무총장으로서 고민하고 처리해야 할 일들이 산더미처럼 기다리고 있었다. 그러나 그 기다림은 너무나 달콤하고 행복한 것이었다.

반기문은 우리나라를 떠나기 전 마지막으로 뵈었던 어머니를 떠올렸다. 어머니는 아들이 자기 때문에 신경 쓸까 봐 외교통상부 장관이었던 시절에도 딸네 집에 있겠다고 고집을 부렸다.

어머니는 반기문이 유엔 사무총장 후보로 나섰을 때, 새벽 세 시에 일어나 아들이 사무총장에 뽑히기를 기원하기도 했다. 함께 유엔 본부

가 있는 미국으로 가자는 말에도 손사래를 치며 돌아섰던 어머니였다.

아버지도 떠올렸다. 어려운 사람을 보면 자기 형편 따위는 생각하지 않고 선뜻 손부터 내밀었던 아버지. 그래서 늘 손해를 입고 상처를 받았던 아버지.

그런 아버지 모습은 반기문 자기가 사람들을 대할 때 어떤 자세로 대해야 하는지를 가르쳐 주었다는 것을 그 순간 반기문은 깨닫고 있었다.

자기 혼자 노력이 아니라 부모님과 가족들 그리고 자기를 믿고 때로는 이끌어 주고, 때로는 따라 주었던 많은 사람들 덕분에 지금 이 자리에 서 있을 수 있다는 것을 반기문은 새삼 다시 생각하고 있었다.

반기문이 사무총장으로서 유엔 본부에 출근한 지 며칠이 지났다. 비서관이 상자 하나를 들고 들어왔다.

"총장님, 에드워드 케네디 *상원 의원께서 소포를 보내왔습니다."

"에드워드 케네디 의원? 무슨 소포일까?"

"혹시 사무총장이 되신 것을 축하하는 선물이 아닐까요?"

비서관 말에 반기문은 고개를 갸우뚱했다.

"나는 에드워드 케네디 상원 의원과 친분이 없는걸? 그런데 무슨

---

* **상원 의원** | 양원제 국회에서, 하원과 더불어 국회를 구성하는 또 하나의 의원.

상자를 보낸 거지? 궁금한데 어디 뜯어볼까?"

반기문은 포장을 뜯고 상자를 열었다.

"어, 이건……."

상자 속에 들어 있는 것은 사진이 들어 있는 액자였다. 그 액자 속 사진은 바로 고등학생 반기문이, 사십여 년 전 미국에 가서 케네디 대통령을 만나 연설을 듣고 있는 모습이었다.

"제이에프케이(JFK)가 제이(J). 에프(F). 케이(K).를 만나다."

케네디 의원이 직접 쓴 축하 카드에는 이렇게 적혀 있었다.

"총장님, 이건 무슨 뜻입니까?"

비서관이 물었다.

"이 사진은……."

지난날을 회상하는 반기문 얼굴에 꿈처럼 아련한 웃음이 떠올랐다.

"제이. 에프. 케이가 존 에프. 케네디 대통령을 뜻하는 말이라는 것은 비서관도 알고 있지요?"

"네. 그런데 그 앞에 있는 제이에프케이는 잘 모르겠습니다. 그것도 *약자인가요?"

---

* **약자** | 여러 글자로 된 말의 일부를 생략하여 만든 글자.

"하하, 맞아요. 제이는 저스트(Just), 에프는 프롬(From), 케이는 코리아(Korea) 약자이지요. 즉, 저스트 프롬 코리아! 한국에서 막 도착한 소년이라는 뜻이에요. 이 사진은 내가 사십 년 전 적십자단 일원으로 미국에 초청돼서 케네디 대통령을 만났던 그날의 사진이랍니다. 케네디 상원 의원이 그 사진을 찾아서 내게 축하 선물로 보내 줄 줄은 정말 몰랐는걸요."

"정말 뜻있는 선물이군요."

"그래요. 나는 그때 가난하고 작은 나라의 보잘것없는 소년이었어요. 하지만 외교관이 되겠다는 꿈을 버리지 않고 끝없이 노력한 결과, 지금 이렇게 유엔 사무총장이 될 수 있었지요. 케네디 상원 의원은 내가 꿈을 버리지 않고 열심히 달려왔다는 것을 보여 주려고, 이렇게 멋진 선물을 보냈나 봅니다."

기쁨으로 가득 찬 반기문 얼굴을 보며 비서관도 함께 웃음을 지었다. 비서관이 듣기에도 반기문이 학생 시절 케네디 대통령을 만나 외교관 꿈을 갖게 된 얘기는 즐겁고 따뜻했다.

유엔 사무총장으로서 반기문이 해야 할 일들은 아주 많았다. 사무총장 수락 연설에서 말했듯이 세계 안보와 평화를 위해 노력해야 할 것이고, 아직도 가난에서 헤어 나오지 못하고 있는 수많은 어렵고 힘든 나라들도 외면해서는 안 될 터였다.

바로 지금 이 시간에도 중동에서는 여전히 날마다 화약이 터지고 사람이 죽어 나가고 있으며, 많은 사람들이 테러 위협에 공포스러워하며 떨고 있었다.

게다가 서로 다른 인종끼리 싸우는 사람들도 있고, 강대국들 사이에서는 핵무기로 인한 마찰이 끊이지 않고 있었다. 또 누군가는 어딘가에 숨어서 생화학 무기나 그보다 더 무서운 살상 무기들을 만드느라 *혈안이 되어 있을 것이다.

당장 우리나라만 해도 시급한 문제들이 많았다. 세계에서 유일한 분단국이라는 것이 그 첫째라면, 경제적으로든 무력으로든 러시아나 일본·중국 같은 강대국에 휩싸여 늘 위태로운 것도 또 하나 걱정거리라고 할 수 있었다.

티베트에서는 독립을 외치는 많은 사람들이 억울한 희생을 당하고 있는 형편에도, 세계 많은 나라들이 중국 눈치를 보며 티베트를 돕는 데 주저하고 있는 것도 사실이었다.

그런 많은 문제들은 각 나라들이 스스로 해결하기 매우 어려운 것

---

* **혈안** | 기를 쓰고 달려들어 독이 오른 눈.

들이었다. 그렇기에 오늘날 유엔과 같은 국제 기구 역할은 매우 중요하다고 할 수 있다.

반기문은 그런 많은 사실들을 잘 알고 있었다. 그리고 그것들을 나 몰라라 하지 않고 해결하려 노력하는 것이 자기에게 주어진 임무라는 것도 알고 있었다. 이미 반기문은 오랫동안 가난하고 약한 나라 국민으로서 겪는 고통과 슬픔 그리고 어려움이 얼마나 큰 것인지를 잘 알고 있었다.

또한 전 세계 사람들이 자기를 유엔 사무총장으로 뽑아 준 진정한 이유가 무엇인지도 반기문은 마음속 깊이 새기고 있었다.

어떤 일을 하든지 끝맺음을 잘하라

　모든 일에는 시작과 끝이 있어요. 그런데 어떤 친구들을 보면, 시작은 잘해 놓고 끝을 제대로 맺지 못해서 인정받지 못하고 속상해하는 경우가 있어요.

　또 시작을 잘하다가도 중간에 시시하고 재미없어졌다며 손 털고 일어서는 친구들도 있지요. 그까짓 거 하다가 싫으면 그냥 그만두는 거 아니냐고 하면서 말이에요. '시작이 반.'이라고 거창하게 시작만 하고, 뒷일은 나 몰라라 해서 주위 사람들이 뒤처리를 해 주어야 하는 때도 있어요.

　물론 시작을 하는 것도 참 중요해요. 그렇지만 어떤 일이든 시작을 했다면 끝을 맺는 것이 더욱 중요하지요. 시작만 하고 끝이 없다면 그것은 어떤 평가도 받을 수 없는 것이 되어 버릴 거예요.

　반기문은 한국 외교통상부 장관이라는 자리에서 유엔 사무총장이라는 어마어마하게 높은 자리로 옮겨 갔어요. 그러나 반기문은 그렇게 높은 자리로 옮겨 가면서 자기가 전에 했던 일을 제대로 끝맺기 위해 노력했어요. 심지어는 자기 뒤를 이어 일할 사람을 잘 부탁한다는 당부 편지를 쓰기까지 했지요. 사람들은 그런 반기문의 뒤처리에 놀라워하고, 감탄하지 않을 수 없었어요.

여러분도 어떤 일을 하든지 끝맺음을 잘하도록 습관을 길러 보아요. 그렇지 않으면 여러분 앞에 결과물로 남는 것은 아무것도 없게 될 거예요. 하고 있는 일을 잘 끝맺어야 새로운 일도 잘 시작할 수 있게 되지요.

거장들의 시크릿10 반기문

펴낸날	초판 1쇄 2008년 9월 30일
	초판 9쇄 2015년 7월 21일

지은이 　**김경란**
그린이 　**김명희**
펴낸이 　**심만수**
펴낸곳 　**(주)살림출판사**
출판등록 　1989년 11월 1일 제9-210호

주소 　　경기도 파주시 광인사길 30
전화 　　031-955-1350　　팩스 031-624-1356
홈페이지 　http://www.sallimbooks.com
이메일 　book@sallimbooks.com

ISBN　978-89-522-0837-8　　74080
　　　978-89-522-0826-2　　74080(세트)

※ 값은 뒤표지에 있습니다.
※ 잘못 만들어진 책은 구입하신 서점에서 바꾸어 드립니다.